PROSPERIDADE com
QUALIDADE DE VIDA

Alan Cohen

PROSPERIDADE com QUALIDADE DE VIDA

CONHEÇA A DIFERENÇA ENTRE ENRIQUECER
RÁPIDO E FICAR RICO PARA SEMPRE

Tradução
CLAUDIA GERPE DUARTE

Editora
Cultrix
SÃO PAULO

Título original: *Relax Into Wealth*.

Copyright © 2006 Alan Cohen.

Publicado mediante acordo com Jeremy P. Tarcher, uma divisão da Penguin Group (USA) Inc.

Todos os direitos reservados. Nenhuma parte desta obra pode ser reproduzida ou usada de qualquer forma ou por qualquer meio, eletrônico ou mecânico, inclusive fotocópias, gravações ou sistema de armazenamento em banco de dados, sem permissão por escrito, exceto nos casos de trechos curtos citados em resenhas críticas ou artigos de revistas.

A Editora Pensamento-Cultrix Ltda. não se responsabiliza por eventuais mudanças ocorridas nos endereços convencionais ou eletrônicos citados neste livro.

Este livro é uma obra de consulta e informação. As informações aqui contidas não devem ser usadas sem uma prévia consulta a um profissional de saúde qualificado.

Dados Internacionais de Catalogação na Publicação (CIP)
(Câmara Brasileira do Livro, SP, Brasil)

Cohen, Alan
    Prosperidade com qualidade de vida : conheça a diferença entre enriquecer rápido e ficar rico para sempre / Alan Cohen ; tradução Claudia Gerpe Duarte. -- São Paulo : Cultrix, 2010.

    Título original: Relax into wealth
    ISBN 978-85-316-1065-3

    1. Habilidade de vida 2. Autorrealizacão 3. Sucesso 4. Sucesso em negócios I. Título.

10-01025   CDD-650.1

Índices para catálogo sistemático:
1. Sucesso em negócios : Administração   650.1

O primeiro número à esquerda indica a edição, ou reedição, desta obra. A primeira dezena à direita indica o ano em que esta edição, ou reedição, foi publicada.

Edição	Ano
1-2-3-4-5-6-7-8-9	10-11-12-13-14-15-16-17

Direitos de tradução para o Brasil
adquiridos com exclusividade pela
EDITORA PENSAMENTO-CULTRIX LTDA.
Rua Dr. Mário Vicente, 368 — 04270-000 — São Paulo, SP
Fone: 2066-9000 — Fax: 2066-9008
E-mail: pensamento@cultrix.com.br
http://www.pensamento-cultrix.com.br
que se reserva a propriedade literária desta tradução.

Dedico este livro à família Dau,
Lodo, Romoto, Merelita, Luisa, Sio, Manu e Paulina
por me ensinar que a verdadeira prosperidade é do espírito.

SUMÁRIO

UM: SEMPRE O SUFICIENTE
    TUDO É DADO, NADA É PERDIDO 19
    JÁ TENHO O SUFICIENTE 23

DOIS: VOCÊ RECEBE O QUE VOCÊ ACEITA
    A MENTE SOBRE O DINHEIRO 29
    GRANDE OPORTUNIDADE! 34
    O PAR PERFEITO 38
    POR QUE VOCÊ SIMPLESMENTE NÃO VENDE? 42
    BANHEIRAS DE HIDROMASSAGEM 46
    SÁBIOS INVESTIMENTOS 50

TRÊS: A PAIXÃO COMPENSA
    O TALÃO DE CHEQUES DO PAPAI 57
    COMO SABER SE VOCÊ ESTÁ APAIXONADO 61
    VOCÊ MERECE 65
    PAGO PARA SER VOCÊ MESMO 69
    UM RETORNO EXTRAORDINÁRIO 73
    VOCÊ PODE DEIXAR DE FAZÊ-LO? 77
    COMO J. C. PENNEY FUNDOU A SUA REDE DE LOJAS 81
    UPGRADE 85

QUATRO: NÃO SE PREOCUPE COM AS COISAS INSIGNIFICANTES E NÃO PAPARIQUE AS COISAS DIFÍCEIS

A JUSTIÇA MAIS AMPLA   91

SURFANDO EM VAGALHÕES   95

O NÍVEL SEGUINTE DE RELAXAMENTO   100

SE NÃO É DIVERTIDO, CONTRATE ALGUÉM PARA FAZÊ-LO   105

ESPAÇO NO TOPO PARA TODO MUNDO   110

CINCO: AS SUAS FINANÇAS DEPENDEM DE VOCÊ

UMA PLATEIA DE MILHARES   117

UMA ECONOMIA PESSOAL   122

É IMPOSSÍVEL AGRADAR A TODO MUNDO   127

QUEM ESTÁ TRABALHANDO PARA QUEM?   132

SEIS: DISTRIBUA, DISTRIBUA, DISTRIBUA

MUITAS AVENIDAS   139

DINHEIRO FELIZ   144

TRABALHE COM OS QUE ESTÃO DISPOSTOS   148

DOE TUDO   152

PAGO COM AMOR   156

FORA DA EQUAÇÃO   160

SETE: NÃO SE DEIXE ENGANAR PELAS APARÊNCIAS

ENGANANDO O MEDO   167

AS PROBABILIDADES SE EQUILIBRAM   171

QUE AQUELE QUE MENOS TEME ASSUMA O COMANDO   175

A SABEDORIA DA ESPERA   180

O ESCRITÓRIO DO HOMEM DE VISÃO   184

OITO: TIRE PROVEITO DA ADVERSIDADE
    SINAIS DE FUMAÇA   191

    FAÇA AS CONTAS   195

    GIRE EM TORNO DO PODER   199

    ALGUÉM DIRÁ SIM   203

    O TEMPO QUE LEVOU   207

NOVE: SEJAM EXCEPCIONAIS UM COM O OUTRO
    EXISTIR É O SEU NEGÓCIO   213

    UMA XÍCARA DE CHÁ APROPRIADA   217

    UMA BOA LIMONADA   221

    A FAXINEIRA   225

    COMO ABENÇOAR A RECEITA FEDERAL   229

    A ATITUDE DE GRATIDÃO   233

CHAVES DA SABEDORIA DA PROSPERIDADE   237

AGRADECIMENTOS   239

INTRODUÇÃO

"Atenção, senhoras e senhores: lamentamos informar que o voo 37 para San Francisco está atrasado devido a problemas mecânicos. O novo horário de partida é daqui a duas horas."

Droga!

O meu primeiro impulso foi marchar em direção ao balcão da companhia para ver se eu conseguiria fazer com que o *upgrade* para a primeira classe que eu já havia solicitado fosse aprovado para o voo que estava atrasado. Talvez falando diretamente com a agente eu conseguisse forçar a situação.

Entretanto, quando me aproximei do balcão, uma longa fila já havia se formado; muitos outros passageiros tinham tido a mesma ideia. Entrei na fila e tentei calcular o tempo que eu ficaria esperando. *Hum.* Poderia chegar a uma hora. Uma resposta positiva era duvidosa. Eu realmente quero passar de uma a duas horas esperando na fila para ouvir um provável "não"?, perguntei aos meus botões.

Lembrei-me da lição que os alunos dos meus seminários afirmam ser a sua eterna favorita: *As coisas devem ser fáceis. O esforço é desnecessário.* Se eu estivesse disposto a deixar que as coisas fossem fáceis aqui e agora, o que eu faria? A resposta era óbvia: eu me dirigiria à sala VIP para relaxar. Se eu conseguisse o *upgrade*, ótimo. Caso contrário, tudo bem. Pelo menos eu teria passado mais uma hora da minha vida em paz.

Saí da fila e me encaminhei para a sala Vip. Escolhi uma poltrona confortável, botei os pés para cima, beberiquei um suco de laranja, li uma revista e dei um cochilo. Boa pedida.

Quinze minutos antes do novo horário de partida, encaminhei-me para o portão de embarque. Quando entrei no setor de embarque, ouvi outro aviso no alto-falante: "Sr. Cohen, Sr. Alan Cohen, por favor queira se dirigir ao balcão."

O que seria agora? Encaminhei-me para o balcão. Quase todo mundo já tinha embarcado, de modo que a área estava completamente livre. Quando eu me identifiquei, a agente me informou com um sorriso: "O seu *upgrade* foi aprovado."

Bem, essa era uma boa notícia – e eu nem mesmo precisara ficar uma hora na fila e fazer a minha encenação!

"Isso é realmente estranho", comentou a agente com um olhar perplexo. "Não tenho a menor ideia de onde surgiu esse assento livre. Ele não estava aqui há um minuto."

Agora as coisas estão ficando melhores. Animado com o duplo prazer de uma hora de relaxamento *mais* o *upgrade*, aceitei o meu novo cartão de embarque e encaminhei-me alegre para o portão.

No caminho, eu me dei conta de que a agente não havia recolhido os cupons de pagamento devidos pelo *upgrade*. Outro *hum*. Integridade. Voltei ao balcão e coloquei sobre ele três cupons. "Acho que você se esqueceu de recolher isto aqui", disse eu à agente. Ela examinou o computador por mais um momento e disse: "Não, o computador diz que o assento está pago, o que é suficiente para mim."

Agora as coisas estão ficando *realmente* boas. "Bem, se é suficiente para você, também é suficiente para mim", repliquei.

Quando me instalei no meu confortável assento no avião, refleti a respeito do que acabara de acontecer – nada menos do que um milagre. Uma magnífica demonstração de um princípio que eu prezo muito, e que o universo estava confirmando para mim em primeira mão, inegavelmente: *Re-*

laxe, confie, escolha a facilidade em detrimento do esforço, e as coisas darão mais certo do que se você tentar manipulá-las com ansiedade. Não poderia estar mais claro.

Se você, como eu, aprendeu que a única maneira de conseguir o que você quer é por meio da luta, ou de caminhar penosamente pela vida procurando não ficar para trás, o livro que você tem nas mãos o ajudará a fazer a mudança crucial da mentalidade da tarefa árdua para o conhecimento profundo de que você pode ter o que deseja sem sacrificar a sua alma no processo. O sucesso, a prosperidade e os relacionamentos de negócios harmoniosos podem ser bem mais fáceis do que você aprendeu, e você encontrará neste livro muitos exemplos de como as coisas podem ficar agradáveis, junto com ferramentas práticas que lhe permitirão levar essas experiências para a sua vida.

As histórias e os exemplos que você vai ler são resultado de muitos anos de prática nos quais experimentei esses princípios na minha vida e os vi ser demonstrados na vida de milhares de participantes dos meus seminários, bem como na de clientes que orientei. Eles realmente funcionam e darão certo para você se você os colocar em prática.

A nossa jornada será iluminada por nove princípios básicos, cada um dos quais será introduzido no início de uma seção que contém vários capítulos que os exemplificam. Cada chave é acompanhada por uma versão abreviada do princípio com um gancho para a memória que será uma referência fácil quando você precisar. No final do texto, você encontrará um resumo das nove chaves, que sugiro que você coloque na sua mesa, no espelho ou em algum lugar que irá lembrá-lo no momento certo. Se você se identificar de uma maneira pessoal e direta com um ou mais princípios, talvez seja interessante imprimir uma versão ampliada deles e afixá-la no monitor do computador ou no painel de instrumentos do seu carro. Quanto mais você se lembrar dos princípios e aplicá-los, mais rápidos e poderosos serão os seus resultados.

No final de cada capítulo você encontrará uma página com os *Edificadores da Sabedoria da Prosperidade* – várias perguntas e exercícios que o ajudarão a aplicar essas lições à sua vida. Sugiro que você faça todos os exercícios, seja por escrito ou mentalmente, já que a ativação pessoal é sempre mais poderosa do que a compreensão teórica. Você se sentirá ainda mais incentivado se examinar os *Edificadores da Sabedoria da Prosperidade* junto com o seu cônjuge ou um amigo. (Garanto que você terá conversas animadas e esclarecedoras se fizer isso!) Algumas das perguntas são leves e divertidas, enquanto outras são mais profundas. Responda-as com sinceridade e você terá algumas ideias muito agradáveis.

No final de cada seção de *Edificadores da Sabedoria da Prosperidade,* você encontrará uma ou mais afirmações. Cada uma pode representar uma vantagem crucial na sua jornada em direção a uma maior prosperidade material e espiritual. A afirmação *não* é uma ideia que você repete muitas vezes na esperança de convencer a si mesmo que ela é verdadeira e torná-la verdadeira. A afirmação é uma declaração que já *é* verdadeira, que você está ajudando a si mesmo a recordar. Pensar ou expressar uma afirmação em voz alta é como ligar um cano de petróleo a uma reserva que está profundamente escondida dentro de você. Quando você entra em contato com ela, você passa a ter acesso a vastos recursos que o energizarão no nível superficial da sua vida. Você poderá alcançar riquezas com uma única repetição da afirmação, ou poderá precisar empregá-la muitas vezes antes de encontrar o seu tesouro. Quando isso acontecer, você o saberá. Algo ressoará dentro de você, você se sentirá magnífico e dirá: "*Ah – entendi!*" Eis a melhor definição de afirmação que conheço: *O espírito que existe dentro de mim adora ouvir a verdade a respeito de si mesmo.*

Estou entusiasmado com as possibilidades que se abrirão para a sua vida à medida que você observar essas verdades funcionando para você. Se você progredir mesmo que um pouco – ou muito – indo de um sentimento de escassez para um de abundância, essa jornada será um marco importante na sua vida. E se você reconhecer que pode ter tudo que deseja sem se torturar para consegui-lo, isso será glorioso. Você pode considerar este livro uma representação do *upgrade* da companhia aérea que só recebi quando me mostrei disposto a cuidar de mim mesmo e viver a vida que eu escolheria em vez daquela com a qual eu me conformo. Essa mesma vida está disponível para você, e nada me deixaria mais feliz do que saber que você a está vivendo.

— Alan Cohen

UM: SEMPRE O SUFICIENTE

> A abundância é natural.

TUDO É DADO, NADA É PERDIDO

Afinal de contas, não é um mundo pequeno...

Quando virei a esquina mal iluminada, parei de repente e tive um calafrio de medo. Agarrei-me à pessoa que me acompanhava e prendi a respiração. Eu tinha diante de mim um tatu enorme, feio e terrivelmente mal-encarado, do tamanho de um fusca. Se ele atacasse, não haveria luta, e teria lugar a vingança por uma centena de anos de animais atropelados na estrada. Só que agora éramos a presa...

Li então a placa situada em cima da cabeça do tatu: *Réplica em tamanho natural de tatu pré-histórico.*

Nossa!

Não estávamos na selva quente e úmida da América do Sul, e sim no South Florida Museum. Aparentemente, muitas coisas costumavam ser bem maiores do que são hoje.

Como o canguru de quase quatro metros de altura. Ou a libélula com uma envergadura de trinta centímetros. Ou flores do tamanho da nossa cabeça. Ou os membros da tribo Tlingot do Alasca que atravessava rios tão cheios de salmão que podiam ir de uma margem à outra simplesmente pisando sobre peixes.

Ainda existe uma quantidade de coisas que são realmente grandes. Os cientistas estimam que há setenta sextilhões de estrelas no universo visível, em 125 bilhões de galáxias. O objeto mais distante visível no espaço está a 15 bilhões de anos-luz do nosso planeta. O fluxo de água na Catarata do Niágara é de 50 bilhões de litros por dia. O nosso coração bate cem mil vezes por dia. A girafa pode limpar o próprio ouvido com uma língua de 53 centímetros. Os cientistas da IBM desenvolveram um circuito lógico de computador de nanocarbono que opera com um material cem mil vezes mais fino do que um fio de cabelo humano e mais forte do que o aço. Até mesmo o que é pequeno contém muita coisa grande!

Você não precisa embarcar na nave espacial *Enterprise*, fazer um safári na África ou empreender uma viagem microscópica para reconhecer sinais de um universo fenomenalmente abundante. Quantas folhas de grama existem no seu gramado? Quantas folhas tem um carvalho? Quantos mosquitos o incomodam no final da tarde quando você está fazendo um churrasco? Quantas flores de cerejeira cobrem Tóquio na primavera? Quanta areia existe nas praias no mundo? Quantos carros passam pelas vias expressas de Los Angeles na hora do *rush*? Quantos *bytes* passeiam pela Internet em um determinado dia? Quanto está lá fora, e quanto podemos ter?

A resposta é: *muito, e muito.*

Embora alguns de nós talvez possamos nos queixar de que existe muito pouco disto e daquilo, o universo foi criado com uma abundância absoluta, completa, gloriosa, eterna, ininterrupta, exagerada e impressionante. Não apenas suficiente. Mais do que suficiente. Na verdade, extravagante.

Consideremos a mangueira que existe em um vale perto da minha casa. Quando as frutas começam a amadurecer em junho, meus amigos e eu caminhamos até o vale com alguns canivetes e toalhas de mesa velhas. Nós nos sentamos debaixo da árvore e nos banqueteamos com as mangas – cujo número é bem maior do que poderíamos possivelmente comer. Olhamos para o chão e vemos que para cada manga que consumimos, dez estão apodrecendo e voltando para a terra. *Isso* é extravagância.

Embora nossa mãe tenha judiciosamente nos ensinado a não desperdiçar nada porque crianças estão morrendo de fome na Índia (onde elas estão agora atendendo as ligações do suporte técnico do seu computador e os telefonemas do setor de reserva das companhias aéreas), o universo realizou uma coisa absolutamente impressionante: ele cria tudo em uma abundância fenomenal e depois recicla o que não é usado, que ressurge em uma nova forma mais tarde. Tudo é dado, nada é perdido.

Isso é eficiência.

Mais interessante ainda: a perpétua abundância é garantida por intermédio de um plano brilhante: tudo que existe contém a semente da sua reprodução e proliferação *ad infinitum*. Quantas mangas uma mangueira pode produzir com o tempo? *Um número infinito de mangas.* Isso é apenas uma semente. *Isso* é visão e planejamento responsável.

Se você perdoar a minha explosão inicial de loquacidade e entusiasmo, esperançosamente você reconhecerá que a vida está nos oferecendo muita coisa. Muito mais do que a maioria das pessoas compreende e aceita.

A intenção deste livro é simples e escancaradamente prática: inspirá-lo a reconhecer o quanto está lá fora, o quanto você pode ter e o quanto você merece, e também levá-lo a perceber que você pode obter tudo isso com muito mais facilidade do que lhe disseram. Se você captar mesmo que apenas uma parte da equação, as outras se encaixarão por si mesmas.

E as crianças que estão realmente passando fome na Ásia?, você poderá perguntar. E as pessoas inocentes que estão morrendo de AIDS na África? E os sem-teto que dormem nas ruas da cidade enquanto as pessoas passam por eles a caminho dos seus lares para se aconchegar no sofá e assistir a filmes na televisão? E os ricos e poderosos que estão morrendo interiormente de inanição da alma? E se o universo é tão abundante, por que você precisa se desviar da porta do apartamento do seu senhorio no início de cada mês? E por quê? E por quê?

O meu objetivo não é negar, minimizar ou deixar de tomar conhecimento da privação física, emocional ou financeira, e sim lhe dar a chave para que você acabe com ela.

EDIFICADORES DA SABEDORIA DA PROSPERIDADE

1. Fique sentado onde você está ou vá até a janela do quarto. Cite cinco coisas que você consiga ver que existam em grande abundância diante de você.

2. Examine mentalmente o mundo além do que você consegue avistar neste exato momento, como o restante da sua casa, locais que você visitou, lugares a respeito dos quais você leu, ouviu ou pensou, e fotografias que você viu. Quais são as coisas mais abundantes que lhe vêm à cabeça?

3. Complete pelo menos três vezes a seguinte frase, dando uma resposta diferente a cada vez:

Eis o que eu faria se eu soubesse que vivo em um universo abundante que satisfaz todas as minhas necessidades: _____.

AFIRMAÇÕES:

Vivo em um universo de abundância infinita.
A vida é capaz de me proporcionar tudo o que eu necessito.

JÁ TENHO O SUFICIENTE

Quando você se dá conta de que nada está faltando,
o mundo inteiro pertence a você!

— Lao Tsé

Certa noite, quando eu estava jantando com um orador e autor de *best-sellers*, a nossa conversa girou em um determinado momento a respeito de dinheiro. "Já tenho bastante dinheiro", me disse ele casualmente. "Não preciso realmente de mais."

O meu primeiro pensamento foi: "Bem, claro que você não precisa – você ganha 20 mil dólares por palestra!" Depois que eu me refiz da minha reação automática, compreendi profundamente uma coisa: esse homem tem dinheiro suficiente porque ele *decide* que o que ele tem é bastante. Eu nunca tinha ouvido ninguém dizer antes: "Eu tenho dinheiro suficiente." A maioria das pessoas que conheci acredita que não tem dinheiro suficiente. Conheço outras que têm pouco dinheiro, e se sentem bem satisfeitas. Aprendi com esse homem que "suficiente" não é um número, e sim um modo de pensar, sentir e enxergar.

Quando Ted Turner doou um bilhão de dólares para as Nações Unidas, ele declarou: "O mundo está inundado de dinheiro." Alguém poderia facilmente retorquir: "É fácil para você dizer isso – você tem bilhões de dólares!" Mas a questão é a seguinte: Turner acredita que o mundo está repleto de dinheiro porque ele tem muito, ou ele tem muito porque acredita que o dinheiro está disponível? Esta última opção é a correta.

As pessoas verdadeiramente prósperas vivem em uma consciência de suficiência. Cada pensamento que você tem se encaixa em um de dois fluxos de energia: *suficiente* ou *insuficiente*. Quanto mais você observa e declara a *suficiência*, mais *suficiência* você tem. Quanto mais você observa e declara a *insuficiência*, mais *insuficiência* você tem. O autor com quem jantei não está esperando alcançar um nível particular de riqueza ou prestígio para poder relaxar. Ele escolhe a paz interior agora, o que o torna um exemplo poderoso para os seus leitores e alunos.

A satisfação com a riqueza não depende dos acontecimentos externos; ela resulta da visão que você está usando para observar a sua vida. Neste momento, você tem o poder de ser rico exatamente onde você está, se você assim escolher. Se você se queixar do que tem ou não tem, o universo interpretará literalmente as suas palavras e lhe dará mais coisas das quais você possa reclamar. Se você celebrar o que você tem, o universo também interpretará literalmente as suas palavras e lhe dará mais motivos para celebrar. O primeiro passo para formar uma conta bancária saudável é criar uma mente saudável.

Se você está lutando com as finanças, tem uma grande quantidade de contas para pagar, tem um débito significativo e não consegue descobrir como poderia sentir que tem dinheiro suficiente, volte a atenção para outras formas de abundância que já estão presentes na sua vida. O dinheiro é apenas uma fatia da grande torta chamada prosperidade. Negar que você é próspero por causa dos valores na sua conta bancária é como negar a magnificência de uma noite estrelada porque uma pequena nuvem de chuva está passando pelo céu.

Expanda o seu sentimento de prosperidade concentrando-se na abundância que você já tem. Você pode encontrar riqueza na saúde; na beleza da natureza; nas amizades gratificantes; em uma família amorosa; na criatividade efervescente; no seu manancial espiritual; nas ideias estimulantes; na bondade das pessoas que você encontra e em muito, muito mais coisas. Neste momento, de muitas maneiras, você é um bilionário! Você talvez seja mais rico do que muitas pessoas que têm muito dinheiro porque você dá atenção à prosperidade e não à necessidade.

A Bíblia nos diz o seguinte: "Àquele que tem, mais será dado; daquele que não tem, mais será tirado." A princípio, essa parece uma lei injusta; por que o rico deveria ficar mais rico e o pobre mais pobre? No entanto, essa declaração simplesmente esclarece um princípio da consciência: a energia vai para onde flui a atenção. As pessoas ricas pensam de uma maneira rica, as pessoas pobres pensam de uma maneira pobre. A questão não é o que você tem e sim a maneira como percebe o que tem. Pensamentos ricos criam riquezas e pensamentos pobres criam a pobreza. À semelhança da eletricidade e da gravidade, a Lei da Atração é totalmente impessoal e não tem favoritos. Ela se propõe a realizar o propósito dela independentemente da maneira como você a utilizar. Ter livre-arbítrio significa que você é livre para criar a sua experiência com os seus pensamentos. Você não pode modificar princípios universais, mas pode usá-los a seu favor depois que compreender como eles funcionam.

Estar satisfeito significa que você precisa parar onde está, nunca desejar mais e jamais mudar nada, deixando sempre as coisas como estão? Se a porta se abrir em uma noite fria de inverno, você deve simplesmente deixar que a neve se amontoe na sua cama? É claro que não. Uma excelente maneira de posicionar uma atitude de satisfação é a seguinte: *feliz e faminto*. Você aprecia o que tem e desfruta a aventura de expandir o seu mundo. Você se estende e se esforça para melhorar não por necessidade ou ganância, mas porque o crescimento e o aprimoramento são a natureza da vida. Tudo deseja crescer, e cada coisa é perfeita no estágio de desenvolvimento em que se encontra atualmente. A perfeição não é um lugar ao qual chegamos; é uma atitude que apreciamos à medida que avançamos.

Um passo fundamental em direção à prosperidade livre de esforço é entrar em sintonia com o jeito como as coisas são. O bem sempre está presente onde você está, e existe sempre um nível seguinte do bem. Seja completamente quem você é, e estenda-se totalmente para alcançar mais.

Basta por agora.

EDIFICADORES DA SABEDORIA DA PROSPERIDADE

1. Que coisas você acha que já tem o suficiente?

2. Que coisas você acha que não tem o suficiente?

3. Reserve alguns momentos para se concentrar nos elementos da sua vida que fazem com que você se sinta rico. O quanto você é rico?

Como você se sente depois de se concentrar na sua riqueza?

4. Encontre dentro de si mesmo o delicioso equilíbrio de estar ao mesmo tempo feliz e faminto. O que o deixa feliz? O que você deseja intensamente? Repare como você se sente quando você se deixa ser completo onde está, ao mesmo tempo que procura se expandir mais.

AFIRMAÇÕES:

Sou suficiente e tenho o suficiente.
Procuro alcançar mais a partir de uma plataforma de paixão e celebração.

DOIS: VOCÊ RECEBE O QUE VOCÊ ACEITA

> A vida lhe dará tanto quanto você estiver aberto para receber.

A MENTE SOBRE O DINHEIRO

Quando examino a mim mesmo e os meus métodos de pensamento, chego à conclusão de que o dom da fantasia tem significado mais para mim do que o meu talento para absorver o conhecimento positivo.

— Albert Einstein

Paul "Bear" Bryant, ex-técnico da equipe de futebol americano Crimson Tide, da University of Alabama, conquistou mais vitórias para os seus times do que qualquer outro técnico da história do futebol universitário. Os seus times ganharam 323 jogos em 362 partidas, além de mais seis campeonatos nacionais. Sob a supervisão de Bryant, o time do Alabama foi selecionado 24 vezes para disputar jogos universitários depois da temporada. Ele é considerado um dos maiores técnicos esportivos de todos os tempos.

Bear Bryant tinha um segredo que era o sustentáculo do seu sucesso: quando ele mostrava aos membros do seu time a filmagem das partidas das quais haviam participado, Bryant se concentrava nas jogadas nas quais eles haviam brilhado. Ele não lhes mostrava filmes dos erros que haviam cometido. Em decorrência disso, o Crimson Tide continuou a ganhar como nenhum outro time.

O técnico Bryant compreendia que recebemos uma quantidade maior de qualquer coisa à qual prestamos atenção. Aprendemos com os nossos erros, mas a maneira mais poderosa de alcançar uma meta é nos aferrarmos ao que queremos criar. Examine o erro apenas o tempo suficiente para reconhecê-lo e estimular o desejo pelo que você quer. Em seguida, volte completamente a atenção para o seu objetivo.

A mente subconsciente é a fonte de tudo que manifestamos no mundo exterior. As imagens interiores que você alimenta e os sentimentos que as acompanham formam uma matriz energética que funciona como um poderoso eletroímã. Essas energias interiores atraem para você condições correspondentes na experiência do dia a dia.

A sua usina de força subconsciente não distingue entre a realidade e a imaginação. Se você conseguir imaginar claramente uma coisa, e ter o sentimento de que ela já existe ou que você a tem, o subconsciente encara a experiência como se ela fosse concreta. É por esse motivo que os hipnotizadores são capazes de introduzir, de uma maneira indolor, agulhas pontiagudas na pele de pessoas hipnoticamente anestesiadas. As pessoas hipnotizadas também manifestam bolhas ou entorpecimento diante de um calor ou frio intenso *sugerido*; caminham sobre brasas aquecidas a 600 graus sem se queimar; e proferem veementes discursos diante de grandes audiências quando, em outras condições, exibiriam um terrível medo de falar em público. As pessoas com distúrbios de múltipla personalidade também demonstram de modo irrefutável o poder da mente sobre a matéria. Uma dessas pessoas era extremamente alérgica ao ácido cítrico, o qual lhe causava uma terrível urticária; em outra personalidade, ela podia comer meia dúzia de laranjas sem apresentar quaisquer sintomas. Outra mulher era diabética em uma das personalidades, o que a obrigava a tomar doses de insulina que seriam letais para ela em outra personalidade. A mente subconsciente é de fato poderosa!

Na nossa cultura, o poder da visualização criativa tornou-se amplamente inexplorado, sendo até mesmo desencorajado. Na escola, os alunos são punidos por ter fantasias durante a aula, quando poderiam aprender a usar a faculdade da imaginação para alcançar as suas metas. A psicóloga Patricia Sun sugere que seja reservado diariamente na escola um período para o devaneio criativo. Durante esse período, os alunos seriam estimulados a deixar a mente vagar em esferas que estimulassem os seus talentos latentes na escrita, na arte, na música, no esporte ou em um ofício. Os alunos apreciariam imensamente essa prática, fariam avanços significativos na sua área de interesse e apresentariam um número bem menor de problemas de comportamento.

Os profissionais bem-sucedidos frequentemente utilizam a visualização criativa. Um famoso pianista concertista sentava-se no trem no qual viajava regularmente e praticava a sua música visualizando que estava colocando os dedos nas teclas adequadas. Um time de basquete praticou mentalmente lances livres e teve um aumento na média de acertos igual ao de um time que praticou fisicamente. No período em que esteve na prisão confinado a uma solitária, David Marshall "Carbine" Williams inventou o rifle Carbine desenhando mentalmente os projetos.

A maioria das pessoas ainda não reconhece o relacionamento intrínseco entre aquilo em que nos concentramos e o que acontece posteriormente. Entretanto, existem algumas, como Bear Bryant, que vieram a compreender o princípio de implementar ideias criativas de uma maneira prática e alcançar um sucesso extraordinário. O poder da intenção concentrada está igualmente disponível para você e é demonstrado à medida que você pratica.

A entrada para o anfiteatro da visualização criativa é o relaxamento. Você não conseguirá fazer uma visualização eficaz se estiver tenso, oferecendo resistência ou estressado. Quando você para de pensar no que o está aborrecendo, mesmo que por alguns minutos, a sua mente subconsciente entra em ação e começa a gerar imagens que o retiram de uma posição prejudicial, infeliz e não produtiva e o conduzem a uma plataforma de alta realização e gratificação pessoal.

A execução é importante, mas ter um modelo mental claro do resultado que você deseja é ainda mais crucial. (Ernest Hemingway recomendou o seguinte: "Nunca confundam movimento com ação.") Se as suas ações não o estão conduzindo aonde você quer ir, está na hora de dar um passo atrás e reavaliar os filmes mentais aos quais você anda assistindo. Se o que você está fazendo não estiver funcionando, fazer uma quantidade maior da mesma coisa também não vai funcionar. A visualização criativa exige um esforço bem menor do que a ação exasperada, e o prepara para vencer. Assim sendo, pare de se empenhar inutilmente, ponha de lado as dificuldades do dia e escolha um assento no anfiteatro das suas metas. Depois, você se tornará imbatível.

EDIFICADORES DA SABEDORIA DA PROSPERIDADE

1. Que proporção do seu tempo e energia você passa pensando e falando a respeito do que você não quer ou do que não está dando certo?

Que proporção você dedica ao que você quer e ao que está funcionando?

Como você acha que a sua vida mudaria se você despendesse mais 10% do tempo e energia concentrado nos resultados que você deseja?

2. Quem foi o maior professor ou técnico que você conheceu?

De que maneira essa pessoa influenciou a sua vida?

O que você aprendeu com o estilo dela de ensinar?

3. Faça um levantamento dos livros, revistas, mobília, roupas e trabalhos artísticos que você tem em casa. Examine a sensação que cada um dos objetos lhe passa. Ele o deixa animado? Ele o deprime? Ele o faz ficar entediado? Desfaça-se do que não lhe serve e preencha o seu espaço com coisas que o inspirem.

AFIRMAÇÕES:

Crio a minha vida com a minha visão.
Concentro-me no positivo e o universo me entrega resultados positivos.

GRANDE OPORTUNIDADE!

*Não espere o ferro ficar quente para malhá-lo;
malhe, para que ele aqueça.*

— William B. Sprague

Por volta da virada do século XX, um fabricante de sapatos enviou um representante para a África com o objetivo de explorar um novo mercado naquele continente subdesenvolvido. Depois de estudar a cultura do povo durante um mês, o representante enviou um telegrama para o escritório central gritando: *"Desastre! Desastre! As pessoas aqui não usam sapatos. Quero voltar imediatamente!"*

Pouco tempo depois, outra companhia de sapatos enviou o seu representante para a África com o mesmo objetivo. Um mês depois, o escritório central dessa última empresa também recebeu um telegrama, só que com os seguintes dizeres: *"Grande oportunidade! Grande oportunidade! As pessoas aqui não usam sapatos! Tripliquem imediatamente a produção!"*

Toda situação encerra o potencial para problemas desastrosos ou um sucesso sem precedentes. O evento é aquilo que percebemos e se tornará exatamente como pensamos que ele é. O caractere chinês para *crise* é composto de dois outros caracteres: *perigo* mais *oportunidade*.

Nenhuma pessoa, acontecimento ou experiência é exclusivamente uma única coisa. Toda situação é uma tábula rasa sobre a qual projetamos as nossas convicções, que criam a nossa vida como um todo. É raro duas pessoas estarem totalmente de acordo com relação à realidade, porque cada uma delas está gerando a sua experiência da realidade com as suas ideias e expectativas próprias. Tenha cuidado com as pessoas que lhe dizem: "Cai na real." Em geral, elas estão querendo dizer: "Encolha-se!" O que a maioria das pessoas chama de "realidade" é bastante limitado. Por que permanecer em um pequeno aquário quando um oceano inteiro espera por você?

Independentemente da direção que você possa estar seguindo agora, você sempre pode mudar de rumo. Um deslocamento de um grau agora o conduzirá a um local muito diferente um quilômetro mais à frente. Estamos constantemente traçando e retraçando o nosso destino com os nossos pensamentos em constante evolução. A Bíblia nos diz que somos criados "à imagem e semelhança de Deus". Podemos usar a mente, os sentimentos, as palavras e as ações para fabricar o céu ou o inferno. A cada momento já estamos fazendo isso, e a cada momento podemos fazer uma nova escolha.

Conheço uma história a respeito de um guerreiro samurai que procurou um mestre zen para que este o treinasse. "Por favor, ensine-me coisas a respeito do céu e do inferno", pediu o samurai.

"Você está pedindo que *Eu* ensine a *você* coisas a respeito do céu e do inferno?", zombou o mestre. "Olhe para si mesmo! Você é um bufão idiota! Eu não desperdiçaria um único momento tentando lhe ensinar alguma coisa!"

Ao ouvir o insulto do mestre, o samurai ficou furioso. O seu rosto ficou vermelho e ele começou a respirar pesadamente. Sacou a espada e levantou-a para decepar a cabeça do mestre.

Nesse momento, o mestre levantou a mão e disse ao samurai: "*Isso*, meu senhor, é o inferno."

Instantaneamente, o samurai compreendeu que havia criado o seu próprio inferno por meio do orgulho e da raiva. O mestre não teve a intenção de fazer mal; ele buscou despertar o discípulo. O guerreiro ficou tão desarmado com a profundidade da lição que se lançou aos pés do mestre e agradeceu-lhe profusamente.

O mestre sorriu e baixou os olhos para o samurai. Suavemente, ele acrescentou: "E *isso*, meu senhor, é o céu."

Toda situação contém uma joia, se você souber como arrancá-la. Enquanto os outros estão retorcendo as mãos e andando em círculos, você pode encontrar um lugar tranquilo dentro de si mesmo, estender as antenas para a dádiva que você tem à mão e avançar com muito mais facilidade e rapidez do que se você soprar e bufar com indignação. *Você pode criar qualquer coisa a partir de qualquer coisa.* Por que não criá-la do jeito que você quer?

Conheci uma mulher que estava desenvolvendo o seu consultório de *coaching* de vida. Um homem foi vê-la e perguntou se ela poderia ser *coach* do filho dele para que este pudesse aprimorar o seu jogo de golfe. A profissional considerou essa meta muito desinteressante, de modo que disse ao homem: "Sinto muito, sr. Woods, mas não poderei ser *coach* do seu filho..."

Imagine que o universo está se organizando para ajudá-lo, entregando presentes na sua porta. Mas você precisa estar aberto para reconhecer e receber os presentes quando são oferecidos. Às vezes os presentes aparecem disfarçados, na forma de desafios ou de acontecimentos incongruentes. Você despenderá muito mais energia se resistir a eles do que se aceitar o convite. Você ficará impressionado com o esforço muito menor que terá que fazer e com a enorme quantidade de energia que irá ganhar quando a sua pergunta deixar de ser: "Como posso sair desta situação"? e passar a ser: "Como posso fazer com que ela atue em meu benefício?"

Se você está cansado da competição insana e está em busca da paz, recomponha as dificuldades ou novidades e passe a encará-las como oportunidades. É mais fácil seguir a corrente do que lutar contra ela. Seguir a corrente não quer dizer que você nunca vá dizer não; significa apenas que você reconhece onde está o seu sim e o acompanha.

EDIFICADORES DA SABEDORIA DA PROSPERIDADE

1. Em que situação você se sente frustrado ou fracassado?

    Qual é a oportunidade nesse caso?

2. Em que situação você se sente ameaçado ou em perigo?

    Qual é a oportunidade nesse caso?

3. Quem mais o incomoda?

    Que coisas essa pessoa o ajudou a aprender, e pelas quais você pode ser grato?

4. Você tem adiado convites e oportunidades ou resistido a eles?

    Que dádiva poderia lhe ser oferecida?

AFIRMAÇÕES:

Aceito as dádivas que estão ao meu alcance.
Aceito o que tenho e crio o que quero.

O PAR PERFEITO

Quando uma teia tem início, Deus fornece o fio.

— Inscrição no teto da Biblioteca do Congresso dos Estados Unidos

Fritz Kreisler era um violinista talentoso cujo sonho de uma vida inteira era possuir um Stradivarius. Quando ele veio para os Estados Unidos, pegou todas as suas economias, foi para o bairro musical de Nova York e pesquisou em muitas lojas. Depois de uma longa busca, descobriu um estabelecimento que estava com um Stradivarius à venda. O dono foi até os fundos da loja, retirou o violino do lugar onde estava trancado a chave, e mostrou-o a Fritz.

Os olhos dele se iluminaram e o seu coração começou a bater enquanto ele segurava o delicado instrumento de encontro ao pescoço e começava a tocar. Sons celestiais emanaram do Stradivarius, e naquele momento Fritz teve certeza de que aquele era o instrumento com o qual sempre sonhara. Ao perguntar o preço, ficou chocado ao descobrir que era o dobro do que ele havia economizado.

"Podemos elaborar um plano de pagamento"?, indagou Fritz, esperançoso. "Sinto muito, não fazemos isso", respondeu o dono da loja. "O senhor pode então guardar o violino para mim enquanto eu providencio um empréstimo para poder comprá-lo?" "Também não posso fazer isso, senhor", retrucou o dono da loja. "Se um cliente oferecer por ele o que estou pedindo, serei obrigado a vendê-lo."

Fritz foi para casa e apressou-se para tentar conseguir mais dinheiro com amigos e investidores. O seu progresso foi lento, mas um mês depois ele encontrou pessoas dispostas a ajudá-lo. Ansioso, voltou à loja de música e disse ao dono que agora tinha o dinheiro para poder concretizar a compra.

"Sinto muito", declarou o dono do estabelecimento, desculpando-se. "O senhor chegou um pouco tarde. Há poucos dias, um rico colecionador veio à loja e comprou o Stradivarius."

Fritz ficou desalentado. Chegara tão perto de realizar o seu maior desejo! Uma ideia lhe ocorreu quando estava saindo da loja. Voltou e perguntou ao dono: "O senhor me daria o nome do colecionador? Entrarei em contato diretamente com ele e perguntarei se ele o venderia para mim."

O dono da loja forneceu a informação que Fritz desejava e ele marcou uma entrevista com o dono do instrumento. "O sonho da minha vida é possuir esse violino", disse Fritz ao homem. "O senhor pensaria na possibilidade de vendê-lo para mim? Creio que serei capaz de conseguir um pouco mais de dinheiro para que o senhor possa ter algum lucro com a transação."

O homem balançou a cabeça e respondeu: "Gostaria de ajudá-lo, mas conheço o valor deste violino. Ele é a menina dos olhos da minha coleção. Pretendo mantê-lo como uma peça de herança tradicional."

"Entendo", replicou Fritz. "Talvez, então, o senhor possa me deixar tocar o violino por um ou dois minutos. Significaria muito para mim, e poderei guardar essa lembrança pelo resto da vida."

O colecionador concordou e entregou o violino a Fritz. Este pegou o arco e, sabendo que jamais voltaria a tocar esse violino, fez o instrumento tocar com a mais absoluta paixão. Depois de alguns minutos, devolveu o violino ao dono, agradeceu e encaminhou-se para a porta.

Quando Kreisler tocou a maçaneta, o dono o chamou. "Espere", pediu. "Você toca uma música maravilhosa. Comprei o violino como uma peça de colecionador. Se você ficar com ele, trará mais música e felicidade para o mundo do que eu. O violino pertence a você. Aqui está, por favor, aceite."

As regras de propriedade da sociedade são suplantadas por um profundo princípio: o Direito da Consciência. Você possui o que você possui não por causa do dinheiro, do papel ou da força, mas pelo amor que você sente pelas coisas e pela sua ligação com elas. Se uma coisa está profundamente incrustada na sua alma, ela pertence a você. Ela se aproxima e adere a você devido ao seu apreço e ao seu direito de usá-la. Embora possa parecer que regras externas governam quem é o dono de cada coisa, a lei que prevalece é a do Direito da Consciência.

Se você está tentando atrair um emprego, uma situação de vida ou um companheiro para a sua vida, os seus pensamentos e sentimentos precisam ser compatíveis com a pessoa ou circunstância desejada. Você precisa amá-la, saber que a merece e ter a visão de uma utilização saudável e prazerosa para ela. Somente então ela virá até você, e isso acontecerá sem luta ou esforço. Você não precisa lutar por ela; tem apenas que estar em harmonia com ela. Se você estiver ligado a uma coisa que você verdadeiramente merece em virtude da sua sintonia mental, emocional e espiritual com ela, ela é sua pela lei universal e ninguém conseguirá interferir.

Um Curso em Milagres pede que você se lembre do seguinte: *Estou sujeito apenas às leis de Deus.* Por trás de todas as regras que as pessoas criam, os princípios eternos estão atuando impecavelmente. A justiça está sempre sendo alcançada pelo poder da intenção. Firme-se nesse princípio universal e tudo o que você quiser e merecer virá até você e permanecerá com você por causa do amor.

EDIFICADORES DA SABEDORIA DA PROSPERIDADE

1. Descreva uma meta que você tem se esforçado para alcançar ou manter.

2. De que maneira o seu esforço reflete as suas convicções?

    Você está alimentando dúvidas a respeito de se realmente a deseja, de se a merece ou não, ou de se o universo é capaz de propiciá-la?

3. O quanto você ama essa meta, a deseja e sabe que ela é certa para você?

4. Por que você a deseja?

    Por que você a merece?

5. Você é capaz de acreditar cegamente que a vida correlacionará você com a sua meta e favorecerá os detalhes do encontro?

AFIRMAÇÕES:

Eu me harmonizo com a minha intenção, e o universo organiza os meios.
Estou à altura do meu sonho.

POR QUE VOCÊ SIMPLESMENTE NÃO VENDE?

*Se você for claramente o que você é,
o universo lhe dará claramente o que você quer.*

— Abraham-Hicks

Eu estava tendo dificuldade para vender um imóvel que eu tinha. Era uma boa propriedade, o mercado estava aquecido e o preço era justo. Apareceram vários compradores em potencial, mas nenhum deles mostrou interesse em fechar o negócio. Comecei a me perguntar o que eu teria que fazer para concretizar a venda.

Conversei com uma amiga a respeito do meu dilema e expliquei as minhas diversas preocupações com relação à venda. Eu queria encontrar as pessoas certas para ter bons vizinhos, já que a propriedade era contígua à minha, obter o preço justo, minimizar os impostos sobre a venda etc., etc. Depois que eu expus todas as minhas dúvidas e considerações, a minha amiga perguntou diretamente: "Por que você simplesmente não vende o imóvel?"

A pergunta dela me pegou de surpresa. Mas ela estava certa. *Por que eu simplesmente não vendo a propriedade?* De repente, compreendi que a venda do imóvel não dependia dos inúmeros fatores externos aos quais eu atribuíra poder. A venda da propriedade dependia de mim. Eu estava permitindo que inúmeras considerações me distraíssem do meu objetivo. Eu podia efetuar a venda, se assim decidisse.

Compreendi que até aquele momento eu não estivera pronto para me desfazer da propriedade. Eu permitira que o meu envolvimento emocional com ela, aliado à logística do processo de venda, adquirisse uma importância maior do que a venda. Assim que reconheci que a única coisa que se interpunha entre a venda e mim era a minha hesitação, fiquei realmente pronto para vender o imóvel.

Dois meses depois, um casal muito querido veio me visitar. Durante um bate-papo casual, a esposa me disse que tivera um sonho no qual estava morando no Havaí, em uma área verdejante no alto de um morro com uma magnífica vista panorâmica para o oceano. Humm, "Tenho uma propriedade que se parece exatamente com essa que você está descrevendo", eu lhe disse.

No dia seguinte, mostrei a propriedade aos meus amigos. A mulher ficou em êxtase ao ver o sonho que tivera bem diante dos seus olhos. Eles me perguntaram quanto eu queria pela propriedade, e eu informei a quantia. Eles disseram que concordavam com o preço. O negócio foi fechado em mais ou menos um minuto, o que deve ser um recorde no setor imobiliário.

Tudo o que você experimenta reflete as suas intenções. Quando o seu sentimento de propósito é claro e forte, os resultados aparecem com rapidez e facilidade. Quando você alimenta intenções confusas, dúvidas, receios ou resistência, o processo de manifestação fica turvo e leva mais tempo para gerar o que você deseja.

A sua jornada em direção a qualquer meta é como dirigir um carro. Quando você está em harmonia com o seu objetivo, o seu pé está completamente no acelerador. Quando você nutre pensamentos ou convicções que contrariam o seu objetivo, como "Não tenho certeza se realmente quero isso" ou "Não mereço isso" ou "Na última vez que tentei, isso não funcionou" ou "Tenho medo de que a minha vida possa mudar se eu fizer isso", você está pisando no freio. Se a sua resistência for leve, você apenas retardará a manifestação. Se for intensa, você poderá frustrá-la totalmente. Se você ficar indo mental e emocionalmente de um lado para o outro, o seu carro avançará sacolejando, andando e parando, e a viagem será instável.

A maioria das pessoas alimenta intenções confusas com relação às suas metas. É raro que uma pessoa saiba com clareza o que deseja, avance diretamente para ela e a crie instantaneamente. Quando você topa com intenções confusas, você tem uma oportunidade valiosa de decidir o que você realmente quer e de aprofundar a sua resolução de obtê-lo. À medida que enfrenta e deixa de lado as suas dúvidas, receios e considerações, você obtém objetividade e força. Você reconhece com mais clareza quem você é e aonde quer ir. Em seguida, quando você concilia a sua energia com os seus desejos, você se torna efetivamente muito poderoso. Quando o processo é apreciado a partir dessa ótica, você pode abençoar e valorizar todo ele, o que diz mais respeito ao que está acontecendo dentro de você do que fora.

Vi em uma camiseta um *slogan* que resume esse princípio: *O que importa não é a sua competência e sim a intensidade do seu desejo.* Você pode reconhecer o quanto deseja algo por meio do que você está obtendo. Quando você realmente quer uma coisa e acredita que a merece, ela se manifesta. Nesse meio-tempo, cada flecha que você arremessa funciona como um exercício de mira.

Desejar intensamente uma coisa não precisa ser uma fonte de tensão ou frustração. Pode ser uma fonte de amplo fortalecimento. Quando você almeja profundamente alcançar uma meta, muita energia é mobilizada. Quando essa energia encontra dentro de você uma resistência, a colisão é dolorosa. Se você conseguir relaxar a sua resistência, mesmo que apenas um pouquinho, a energia liberada atuará em seu benefício. O jogo do sucesso consiste mais em *deixar* que coisas boas aconteçam do que em *fazer com que* coisas boas aconteçam. Nesse momento, um poderoso rio de energia está se movendo dentro de você e avançando em direção aos seus sonhos. Você também construiu uma barragem de maiores ou menores dimensões que obstruem esse rio. Se você abrir uma comporta da barragem, por menor que ela seja, o rio começará a conduzi-lo ao lugar que você deseja ir.

Uma transação imobiliária concluída em um minuto? Ela foi feita com um sopro de concessão.

EDIFICADORES DA SABEDORIA DA PROSPERIDADE

1. Você está tendo dificuldade em manifestar alguma coisa que deseja?

2. De que maneira a sua dificuldade pode ser um reflexo de intenções confusas ou contraditórias?

3. Que compensação você pode estar recebendo por não estar obtendo o que afirma desejar?

4. De que maneira a confusão, o desapontamento ou o fracasso contribuem para criar o que você quer?

5. Complete a seguinte declaração:

   Estou disposto a receber de um modo completo e irrestrito _____ agora.

   Observe o que acontece dentro de você enquanto você faz essa declaração.

AFIRMAÇÕES:

Defino as minhas intenções e a vida responde.
Quanto maior a firmeza com que escolho, mais poderoso eu me torno.

BANHEIRAS DE HIDROMASSAGEM

*O pensamento é a florescência, a linguagem é o botão,
e a ação é o fruto por trás de tudo isso.*

— Ralph Waldo Emerson

Enquanto eu vagava pela loja, uma banheira de hidromassagem com um acabamento marmorizado me chamou a atenção. Era espaçosa e elegante, com muitos controles de opções de conforto e um dispositivo para massagear as costas. Ela me atraiu como nenhuma outra. "Gosto mais desta", eu disse ao vendedor. "Você pode encomendar uma para mim?"

"Posso", respondeu o homem, balançando a cabeça e rindo. "Mas vai demorar algumas semanas."

"Por quê?", perguntei.

"É a coisa mais estranha", retrucou o vendedor. "Este modelo está no *showroom* há mais de um ano. Até algumas semanas atrás, ninguém mostrou nenhum interesse por ele. Tentei várias promoções, incentivos para a minha equipe e estratégias de vendas, mas não obtive êxito. É um produto topo de linha, e achamos que iríamos acabar empacados com ele ou ter que vendê-lo com prejuízo.

"Foi então que, há duas semanas, um casal comprou o modelo. Ficamos encantados. No dia seguinte, outra pessoa encomendou o mesmo modelo. Ficamos embasbacados. Agora aqui está você, interessado na mesma banheira. Não consigo entender o que está acontecendo!"

Eu sabia exatamente por que aquilo estava acontecendo: a Lei da Atração volta a atacar. As convicções que alimentamos criam os resultados que manifestamos. Quando desenvolvemos uma postura mental diante de uma situação, ela tende a ser confirmada e perpetuada até que a modifiquemos. Em seguida, a nova convicção atrai mais experiências como ela.

Quando o dono da loja e a equipe ficaram acrescentando diariamente ao banco de pensamentos a ideia de que a banheira não estava vendendo, ela se tornou invendável, e os clientes confirmaram essas expectativas. Um objeto em repouso tende a permanecer em repouso. A concordância de opinião é poderosa; ela pode gerar a aparência de limites onde eles não existem. Quando várias pessoas concordam em que uma situação é fixa, ela tende a continuar assim.

Quando a convicção dos membros da equipe de vendas foi abalada por um cliente cujo entusiasmo a respeito da banheira de hidromassagem foi mais forte do que as dúvidas que eles tinham com relação ao produto, a ideia de que este era vendável tornou-se a nova convicção deles e passou a ser a "verdade", que atraiu mais coisas iguais a ela. Um objeto em movimento tende a permanecer em movimento. Quando duas ou mais pessoas concordam em aceitar maiores possibilidades, *estas* se tornam a realidade.

Essa dinâmica é frequentemente reproduzida por casais que não conseguem ter um bebê. Eles tentam várias terapias e métodos destinados a aumentar a fertilidade, e todos os meses, quando a mulher constata que não está grávida, o pensamento, a energia e a vibração "nenhum bebê" se tornam mais fortes e mais concretos. Finalmente, o casal desiste de conceber e adota uma criança. Depois, em pouco tempo, a mulher fica grávida. Isso acontece porque os seus pensamentos deixaram de se concentrar em "nenhum bebê, nenhum bebê, nenhum bebê" e passaram a ser "bebê, bebê, bebê".

Tanto no caso da banheira de hidromassagem quanto no do bebê, alguém no mundo exterior apareceu e concentrou a atenção em um diferente resultado, o qual tornou-se a nova "realidade". Entretanto, a equipe de vendas da loja e o casal que queria ter um bebê poderiam ter acelerado a manifestação do que desejavam modificando os seus pensamentos, sentimentos e palavras *antes* que alguém comprasse a banheira ou uma criança fosse adotada. Por meio da visualização criativa, da prece, da afirmação ou da meditação, eles poderiam ter reposicionado o seu ponto de atração sem que um agente externo lhes proporcionasse um novo objeto de atenção.

Em qualquer momento considerado, você reage ou gera. (As letras dessas duas palavras são quase as mesmas; a mesma energia que você usa para reagir poderia ser igualmente usada para gerar.) Em que você se concentra como o objeto da sua criação? Você permite que as suas manifestações sejam produzidas pelo que está acontecendo ao seu redor, pela maneira como sempre pensou e pela maneira como os outros costumam orientar a energia deles? Ou consegue permitir que o seu mundo de visão interior seja vital a ponto de os seus resultados se originarem das suas próprias escolhas?

A cada momento você tem o poder de remodelar a realidade com os seus pensamentos e intenções. Quando você sinceramente resolve traçar um novo rumo e conscientemente concentra a energia nele, ocorre um ponto de virada no qual uma antiga realidade dá lugar a uma nova. Você não inclina o mundo com uma marreta e sim com os pensamentos. Arquimedes disse o seguinte: "Dê-me um pensamento firme sobre o qual eu possa me erguer, e moverei a Terra."

Se você está sempre topando com uma situação indesejável, afaste a atenção do que não está funcionando e reinvista-a no que você gostaria que desse certo. Você poderá então receber clientes vindos de todas as direções para comprar o invendável.

EDIFICADORES DA SABEDORIA DA PROSPERIDADE

1. Você entregou o seu poder a alguma condição externa?

De que maneira você deixou que notícias, fofocas, a opinião dos outros, os resultados que os outros possam ter obtido ou o seu desempenho anterior o influenciassem para criar resultados semelhantes?

2. Descreva uma ocasião em que você tenha se recusado a ser influenciado pela consciência dos outros e manteve a sua verdade e experiência independentes de convicções ou condições externas.

3. Explique com suas próprias palavras o significado da seguinte frase: *Você não pode criar nada na experiência de outra pessoa, e ninguém pode criar nada na sua experiência.*

AFIRMAÇÕES:

As minhas criações procedem das minhas próprias escolhas valiosas. Penso, sinto e falo como se os meus desejos mais profundos fossem possíveis, estivessem disponíveis e já concretizados.

SÁBIOS INVESTIMENTOS

O capital nada pode fazer sem cérebros que o administrem.

— J. Ogden Armour

Certa manhã de domingo, uma mulher faminta e o seu filho procuraram o pastor de uma igreja de Nova York e lhe pediram ajuda. Desejoso de servir, o pastor deu à mulher 25 dólares para que ela tomasse o café da manhã. Quando o serviço da igreja terminou, a mulher voltou e pediu mais dinheiro ao pastor, já que ela e o filho ainda estavam com fome.

"O que você fez com o dinheiro que lhe dei mais cedo?", perguntou o pastor.

"Oh, já acabou", respondeu a mulher. "Comprei alguns bilhetes da loteria."

O dinheiro não é a resposta para os nossos problemas de prosperidade. A sabedoria é a resposta. A única coisa mais valiosa do que o dinheiro é saber o que fazer com ele. Se uma pessoa não sabe como usar sabiamente o dinheiro, nenhuma quantidade dele lhe será útil. Quando alguém tem uma consciência monetária adequada, essa pessoa pode pegar uma minúscula semente e transformá-la em um jardim exuberante. Mas se a pessoa tiver uma consciência monetária deficiente, ela pode pegar um presente enorme e desperdiçá-lo num piscar de olhos. A ignorância, não o dinheiro, é a raiz de todos os males.

Este não é um livro que o ensine a ganhar dinheiro. Existem milhões de livros e cursos que oferecem conselhos sobre investimentos. Este é um livro que trata da edificação da consciência. Quando você tem uma mentalidade próspera, a prosperidade segue-se naturalmente. O dinheiro ganho sem consciência rapidamente volta ao lugar de onde veio. A consciência é o volante da sua riqueza e da sua vida.

Pesquisas demonstram que os problemas de muitos ganhadores da loteria não desaparecem quando eles recebem a fortuna; ao contrário, eles ficam maiores. Os ganhadores precisam conviver com parentes, amigos e ex-cônjuges que querem uma fatia do bolo; lidar com pessoas que querem se casar com eles com uma intenção velada; contratar um serviço de segurança para evitar que os filhos sejam sequestrados etc., etc., etc. Se o caráter do ganhador e o sistema de valores não estiverem firmes e maduros, a grande quantia recebida pode dar errado de várias maneiras. (Vários ganhadores da loteria cometeram suicídio.) Por outro lado, ganhadores da loteria que já tinham uma atitude adequada a respeito do dinheiro e da vida tendem a desfrutar o prêmio e ajudar outras pessoas. Certo analista financeiro chegou à seguinte conclusão: "Se o ganhador era feliz antes de ter o dinheiro, eles continuaram felizes com o dinheiro. Se eles eram infelizes antes do dinheiro, continuaram infelizes depois de ganhar o dinheiro."

Existe uma teoria (que é muito mais do que uma teoria) que diz que se todo o dinheiro do mundo fosse redistribuído de maneira que todo mundo ficasse com uma parte igual, em pouco tempo o dinheiro estaria de volta nas mãos (ou fora das mãos) originais na mesma proporção. (Pesquisas também demonstram que a maioria dos ganhadores da loteria reverte ao seu nível original de prosperidade em um período de cinco a dez anos.) Assim sendo, o dinheiro não é uma causa, e sim um efeito. A mente é a causa; tudo o mais é efeito.

Certo amigo meu é um rico empreendedor. Ele compra empresas que estão em péssimo estado, reconstrói e as vende com um lucro considerável. Quando lhe perguntei o que ele faz para ganhar a vida, ele respondeu o seguinte: "Eu canalizo dinheiro." O dinheiro que ele tem é menos importante do que a capacidade dele de usá-lo. A resposta para os problemas de prosperidade não é trabalhar mais; é trabalhar de uma maneira mais inteligente. Acho muito fascinante o fato de o meu amigo pegar empresas que outros achavam impossível ressuscitar e encontrar maneiras de fazer com que elas deem certo. Por conseguinte, o negócio não era um fracasso; foi o nível de habilidade ou a atitude dos donos que determinou os resultados. As coisas só são um fracasso se você abordá-las com ideias de fracasso. Mude o seu modo de pensar para o sucesso, e você não estará carregando um fardo e sim uma mina de ouro.

Talvez você já tenha ouvido falar no agricultor da África do Sul que não podia usar a sua terra porque ela era rochosa demais e ele não conseguia arar o solo. Ele vendeu a propriedade por uma ninharia para um homem que enxergou um valor maior na propriedade. O nome do comprador era Kimberly – da mundialmente famosa Kimberly Diamond Mine. Ele encontrou diamantes na propriedade que o agricultor julgara inútil. Observe o poder do tipo de visão que você está usando como uma chave para reconhecer o potencial.

Trabalhar de uma maneira mais inteligente frequentemente significa trabalhar de um modo mais simples. Quando você se envolve com o trabalho a ponto de perder a sua perspectiva, está na hora de dar um passo atrás e se lembrar da realidade mais ampla. Eu reparo que depois de escrever durante mais ou menos uma hora e meia, as minhas ideias ficam confusas, não consigo colocar muita coisa no papel e me sinto cansado. Eu costumava tentar me obrigar a seguir em frente, mas os meus resultados apenas diminuíam. Agora, quando chego a esse ponto de fadiga, faço uma pausa. Vou para o lado de fora, faço um lanche, pratico um pouco de yoga, tomo uma chuveirada ou faço qualquer atividade física. Depois, quando retorno, volto a me sentir inspirado. A inspiração está sempre presente, mas preciso administrar a minha capacidade de ser receptivo a ela.

Arranjar mais dinheiro pode resolver temporariamente parte dos seus problemas de fluxo de caixa, mas concentrar-se de uma maneira mais inteligente no que você está fazendo com o dinheiro que já tem poderá ajudá-lo a resolvê-los de uma maneira permanente. Depois, você não precisará mais depender da loteria para ser salvo. A sua mentalidade de prosperidade já terá feito o trabalho.

EDIFICADORES DA SABEDORIA DA PROSPERIDADE

1. Que padrão periódico você percebe com o seu dinheiro?

    Que convicção interior esse padrão pode estar refletindo?

    Que convicção mais expansiva você poderia alimentar que o conduziria ao nível seguinte?

2. Pense nas pessoas que você conhece que constantemente se esforçam para conseguir dinheiro ou então o perdem.

    Como você descreveria a atitude e as convicções delas?

    Que relacionamento você percebe entre a maneira como elas pensam e o que se manifesta para elas?

3. Pense nas pessoas que se divertem com o dinheiro e são constantemente bem-sucedidas.

    Como você descreveria a atitude e as convicções delas?

    Que relacionamento você percebe entre a maneira como elas pensam e o que se manifesta para elas?

4. Pense nas pessoas que você conhece que lhe pedem dinheiro ou apoio material.

    De que maneira você pode ser mais útil para elas?

5. Caso você precise de dinheiro ou apoio material agora, o que além de dinheiro vivo poderia ajudá-lo neste momento?

AFIRMAÇÕES:

*Desenvolvo mentalmente a minha prosperidade,
e o dinheiro e os bens materiais seguem-se naturalmente.
Quanto mais eu sei, mais eu cresço.*

TRÊS: A PAIXÃO COMPENSA

> Faça o que o deixa animado.

O TALÃO DE CHEQUES DO PAPAI

Salte e a rede aparecerá.

— Julia Cameron

"Sinto-me preso entre a minha antiga vida e a nova", confessou John na nossa sessão de *coaching*.* Ele levou a mão ao bolso, pegou a carteira e me entregou o seu cartão de visita. Este estava coberto por números de telefone fixo, de celular e de *pager*, junto com vários endereços de e-mail e um Web site. "Durante muitos anos tive muito sucesso na indústria do petróleo", explicou John. "Eu tinha muito dinheiro, prestígio e poder. Depois eu me cansei de toda aquela situação e fui embora. Eu simplesmente me afastei daquilo tudo; queria apenas refrescar a cabeça e encontrar um pouco de paz interior.

"Fiquei satisfeito durante algum tempo", prosseguiu John, "mas depois o meu dinheiro começou a secar e comecei a entrar em pânico. Tive que abandonar toda a minha segurança e me senti como um trapezista que voa pelo ar sem uma rede de segurança. Foi realmente muito assustador. Foi então que, há algumas semanas, recebi um telefonema de um amigo da

---
* Treinamento de autodomínio. (N. da T.).

indústria do petróleo oferecendo-me um emprego. Não tenho vontade de voltar, mas não sei como vou pagar as minhas contas."

Avaliei a situação de John. "Se você não estivesse com medo por causa do dinheiro, o que estaria fazendo?", perguntei.

O rosto de John se suavizou e os seus olhos se iluminaram. "Eu estudaria cura holística", retrucou ele. "Eu viajaria, meditaria, passaria algum tempo na natureza. Entraria em contato com o meu espírito e passaria adiante o que eu aprendesse."

"Você consegue acreditar que se você for sincero consigo mesmo, o universo proverá a sua subsistência?", indaguei.

John pensou durante algum tempo. Pude perceber que ele estava se deslocando através de um território interior muito importante. Em seguida, respondeu com firmeza: "Consigo." John tinha o olhar resoluto. Ele se conectara a um banco de fé.

"Então você se encontra em uma posição perfeita para tornar realidade o que você deseja", eu lhe disse.

Uma semana depois, recebi um telefonema dele. John estava rindo. "Você jamais vai adivinhar o que aconteceu!", exclamou ele. "Depois da nossa sessão, fui visitar o meu pai, que nunca aprovou o meu estilo de vida. Batemos um bom papo e eu disse a ele o que gostaria de fazer. Sem dizer uma palavra, o meu pai foi até o seu escritório e voltou com um cheque para mim. Quando vi o valor, fiquei boquiaberto; eu poderia viver um ano com aquele dinheiro."

Nos seis meses seguintes, John fez o curso de formação de professores de yoga, tirou o registro de hipnoterapeuta e participou do Mastery Training. Depois, ele partiu para o Nepal, onde foi meditar num mosteiro tibetano. Mais tarde, John veio me visitar, e não se parecia nem um pouco com o homem que estivera tendo problemas. Ele parecia feliz. Depois, ele voltou para o Nepal onde, segundo eu soube, ele está meditando com tranquilidade.

O poder da sua evolução pessoal, que fala com você por intermédio do seu espírito, o está conduzindo em direção à realização dos seus sonhos. O seu papel é deslocar-se com a energia mais forte que sentir. Se, por medo ou insegurança, você tentar se agarrar a alguma coisa que não lhe sirva mais, vai se sentir angustiado e irrealizado. Se, por outro lado, você conceder mais poder e atenção ao seu destino do que à sua história, portas se abrirão de uma maneira incrível.

John tinha a forte intenção de seguir os seus sonhos, mas o seu medo estava erguendo uma espessa cortina de fumaça que obscurecia a sua visão. Quando ele se conectou à sua fé, o seu medo se dissipou. O medo e a fé não podem ocorrer na mesma mente ou lugar. O antídoto para o medo não é fazer força contra ele ou tentar atravessá-lo com ímpeto. A resposta é entrar em contato com um conhecimento mais profundo do que o nível a partir do qual o medo está falando. Esse lugar profundo está sempre presente dentro de você; o seu papel é relaxar nele.

Existe uma profunda diferença entre o destemor e a coragem. Ser destemido significa que você não tem medo, de modo que você vai em frente e faz o que quer. Ser corajoso significa que você tem medo, mas mesmo assim segue adiante. Esse movimento não é realizado por meio da mera força de vontade e sim do coração. A palavra *coragem* deriva do vocábulo francês *coeur*,* que significa "coração". Assim, a resposta para o medo não é a força e sim o coração.

O pai de John tinha um talão de cheques, e o seu também tem. Pense no universo como uma mãe ou um pai amoroso que se sente feliz em ajudá-lo a viver a vida que você sinceramente escolheria, porque assim você não precisará mais fazer concessões e fazer uma coisa que você detesta. No Sermão da Montanha, é feita a seguinte pergunta: "Se o filho de um homem lhe pedisse um pão, ele lhe daria uma pedra?" Assim como você atenderia à necessidade do seu filho, o seu manancial espiritual atenderá ao seu. Você pode perguntar isso ao meu amigo John, mas talvez precise ir ao Nepal para encontrá-lo.

---

* O autor está dizendo que a palavra inglesa *courage* deriva do vocábulo francês *coeur*. Segundo o dicionário Aurélio, a palavra coragem em português deriva do francês antigo *corage, curage*. Ambas as palavras derivam do latim *cor*, que significa *coração*. (N. da T.)

EDIFICADORES DA SABEDORIA DA PROSPERIDADE

1. Você colocou de lado algum dos seus sonhos importantes porque o mundo que você conhece parece mais seguro?

    O que seria necessário para desempoeirar esses sonhos e colocá-los em prática?

2. Complete cinco vezes a seguinte frase, cada vez com uma resposta diferente.

    Se eu não tivesse medo, eu _____ .

3. Existe alguma coisa que você tenha concluído mas à qual se sente impelido a retornar em prol da segurança?

    O que você acha que aconteceria se você tentasse voltar?

4. Onde reside a sua verdadeira segurança?

AFIRMAÇÕES:

*Graciosamente libero o meu passado e aceito
as possibilidades que estão disponíveis para mim agora.
Avanço em direção à fé, e o que é bom para mim vem ao meu encontro.*

COMO SABER SE VOCÊ ESTÁ APAIXONADO

Quem olha para fora, sonha. Quem olha para dentro, desperta.

— Carl Jung

O dr. Norman Vincent Peale, autor do livro perpetuamente popular *O Poder do Pensamento Positivo**, estava sentado no avião ao lado de uma jovem que começou a conversar com ele. Ao descobrir que o dr. Peale era um homem sábio e experiente, ela lhe pediu ajuda para um dilema.

"Tenho saído com dois homens, e ambos me pediram em casamento", explicou a jovem. "Não estou bem certa sobre com quem devo me casar. O senhor pode me ajudar a decidir?"

"Isso é fácil", respondeu rapidamente o dr. Peale.

"Então me diga como!", pediu avidamente a moça.

"Não creio que você deva se casar com nenhum dos dois", afirmou categoricamente o dr. Peale.

"Por quê?", indagou a jovem, surpresa.

---
* Publicado pela Editora Cultrix, São Paulo, 1956.

"Se você precisa me perguntar com quem deve se casar, é porque não está apaixonada por nenhum dos dois", replicou ele.

Quando uma coisa é certa e boa para você, ela repercute dentro de você de uma maneira irresistível e inconfundível. Você sabe simplesmente porque sabe – não porque alguém ou alguma coisa fora de você o convenceu. A sua essência interior se expressa em um tom tão alto e claro que você não precisa de confirmação ou validação do mundo exterior.

Se você deseja saber se uma possível linha de ação é certa para você, seja sincero com relação à maneira como se sente a respeito dela. Se ela não parecer cair como uma luva, não aja em função dela. Se pensar em alguma coisa o incomoda, fazê-la não o fará sentir-se melhor. E se pensar em alguma coisa lhe transmite um bom sentimento, fazê-la provavelmente fará com que você se sinta melhor ainda.

A sua orientação fala com você de uma maneira única e significativa. Para algumas pessoas, essa compreensão lhes confere um sentimento de paz ou de alívio, como ouvir uma canção predileta conhecida. Outras se sentem emocionadas, animadas ou têm uma sensação de euforia e de um aumento da força vital. Outras ainda têm uma sensação física, como arrepios, ou então o cabelo na sua nuca fica eriçado.

Descubra como você experimenta pessoalmente a sua orientação interior e depois avance com ela. Acostume-se a fazer apenas as coisas que lhe dão alegria e evite as ações que o irritam. Torne o entusiasmo um pré-requisito para os seus atos, e você progredirá para um novo nível de felicidade e sucesso no âmbito profissional e no de relacionamentos.

Se você não sabe o que escolher, espere até receber uma impressão mais forte. Ponha o assunto temporariamente de lado, peça orientação ao seu sábio interior e continue a prestar atenção e esperar os sinais. Você pode ter uma ideia em um sonho, ouvir uma palavra-chave da parte de um amigo ou receber a indicação de um livro que lhe pareça interessante. Talvez você veja um anúncio numa revista com um *slogan* que lhe interesse diretamente. Ou você pode simplesmente entrar em contato com um sentimento mais intenso. Confie na sua sabedoria, independentemente da maneira como ela apareça ou se expresse. A sua resposta pode surgir de repente ou demorar um pouco. Mas ela virá da maneira e no tempo perfeitos.

Outras pessoas podem fazer sugestões, dar conselhos e oferecer orientação, mas as sugestões delas só são vantajosas se forem compatíveis com a sua essência interior. Experimente o conselho e só aceite o que for adequado para você e aprimorar a sua vida. Alguém, alguma coisa, algum lugar dentro de você sabe. Admita-o, confie e aja em função dele. Você é intrinsecamente sábio e amorosamente guiado.

Aprendemos que devemos buscar as nossas respostas no mundo, enquanto elas residem dentro de nós. Existe a história do famoso almiscareiro que revistou montanhas e vales em busca da origem de um exótico aroma. Finalmente, ele descobre que o aroma está emanando de si mesmo. Do mesmo modo, não precisamos nos esforçar para obter orientação ou passar um tempo enorme em busca de conselhos. Você talvez receba muitas opiniões de pessoas qualificadas e bem-intencionadas. No entanto, como você é aquele que tem que viver com as suas escolhas, precisa fazê-las de acordo com o seu coração.

Assuma a posição recomendada pelo dr. Peale à jovem que ele conheceu no avião: se você sentir amor, você saberá. Caso contrário, desista e acredite que aquilo que lhe cabe o encontrará.

Confia em ti mesmo. Todo coração vibra com essa corda de metal.

— Ralph Waldo Emerson

EDIFICADORES DA SABEDORIA DA PROSPERIDADE

1. Pense numa ocasião em que lhe pediram que fizesse uma escolha e você soube com absoluta certeza o que deveria fazer.

   Qual era a situação?

   Como você sentiu ou soube o que deveria fazer?

2. Como a verdade se manifesta para você? (Paz de espírito, formigamento, calor...)

3. Pense numa decisão que estejam lhe pedindo para tomar agora.

   Qual das possíveis opções lhe parece mais real e intensa?

   Por qual delas você poderia se deixar guiar com mais energia e confiança?

   Qual delas seria mais verdadeira para você?

AFIRMAÇÕES:

*A minha essência interior sabe o que é melhor para mim
e me orienta com perfeição.
Acredito na verdade do meu coração, abro-me para recebê-la
e ajo confiantemente de acordo com ela.*

VOCÊ MERECE

O narcisismo é um pecado menor do que a falta de interesse por si mesmo, meu senhor.

— William Shakespeare

Quando paramos o carro na entrada Beverly Hills Hotel, o nosso Chevrolet Cavalier oferecia um impressionante contraste com a série de Jaguares e Porsches que contornavam a entrada de veículos. Voltei-me para o meu amigo músico Charley Thweart, e demos uma boa risada; a cena parecia saída de um filme.

O manobrista, vestido de smoking, abriu a porta para Charley, que pegou 5 dólares na carteira e os entregou ao rapaz. Em seguida, nos dirigimos para a sala de reuniões onde Charley e eu apresentamos um programa para um encontro matutino de fortalecimento.

Depois da reunião, Charley e eu fomos até o restaurante do hotel para tomar café. Não ficamos surpresos ao constatar que, à semelhança de muitos restaurantes exclusivos, os preços não estavam relacionados no cardápio. (Eles supõem que se você está comendo no local, deve ser muito rico, de modo que não se importa com o preço das coisas.) Depois que Charley acabou de fazer o seu pedido, ele perguntou ao garçom: "Quanto custaria uma porção extra de bacon?"

"Seriam 5 dólares, senhor", respondeu respeitosamente o garçom.

Charley pensou por um momento e declarou: "Não vou querer não, obrigado."

Quando o garçom foi embora, Charley pareceu desapontado. Ele parecia estar refletindo seriamente a respeito de alguma coisa, mas em seguida o seu rosto se iluminou como se ele tivesse tido uma experiência reveladora. "Acabo de perceber algo muito profundo", me disse Charley. "Eu não tive nenhuma dificuldade em dar uma gorjeta de 5 dólares para que o manobrista estacionasse o meu carro, mas quando tive que pagar a mesma quantia para comer uma coisa que eu realmente queria, hesitei em fazê-lo. Eu estava mais disposto a ajudar o manobrista do que a mim mesmo." Charley chamou o garçom e pediu o bacon.

Muitos de nós estamos mais dispostos a ajudar e apoiar os outros do que a nós mesmos. É fácil para nós compreender as necessidades dos outros e satisfazê-las quando podemos, mas quando se trata de satisfazer as nossas próprias necessidades, nós nos refreamos. Esse desequilíbrio é um apelo a um maior autorrespeito.

Todos conhecemos a Regra de Ouro: "Ama o teu próximo como a ti mesmo." Mas se você não amar a si mesmo tanto quanto ama o seu próximo, você não está vivendo o princípio. Se você fosse tão amável consigo mesmo quanto é com os outros, encontraria grande paz e alívio.

Certo dia em que fui fazer compras com um amigo, gostei muito de uma camisa. No entanto, quando examinei a etiqueta com o preço, coloquei a camisa de volta no balcão. O meu amigo pegou a camisa de volta, entregou-a a mim e disse: "Você a merece." Quando encarei a camisa como uma expressão do meu valor, ela adquiriu um significado inteiramente novo. Comprei a camisa e aproveitei-a durante um longo tempo; todas as vezes que eu a vestia eu me lembrava: "Eu a mereço."

Embora muitas pessoas receiem que seguir a sua alegria seja um sinal de egoísmo ou egocentrismo, elas não percebem que teriam um longo caminho a percorrer antes que se tornassem hedonistas. A maioria das pessoas sofre mais de um sentimento de desmerecimento do que de arrogância. O remédio para o desmerecimento é praticar o amor por si mesmo. Considere cada convite que lhe é feito e cada ato que você executa uma oportunidade para alimentar o seu espírito. Os objetos que você compra (ou não compra), o emprego que você tem (ou não tem), os relacionamentos nos quais você se envolve (ou não se envolve) e as férias que tira (ou deixa de tirar) demonstram o quanto você valoriza a si mesmo e os seus desejos mais profundos.

Considere o dinheiro que você gasta um investimento que você faz em si mesmo: você está comprando ações de uma companhia na qual acredita, você reconhece o seu vasto potencial e quer estar envolvido com as suas realizações desde o início. Ouvi o relato de uma mulher: "Amo de tal maneira o meu marido que faria praticamente qualquer coisa que eu soubesse que o faria feliz." Não seria poderoso se você se apaixonasse por si mesmo com tal profundidade a ponto de fazer praticamente qualquer coisa que soubesse que faria *você* feliz? É exatamente assim que a vida o ama e deseja que você cuide de si mesmo. Quanto mais profundamente você amar a si mesmo, mais o universo confirmará o seu valor. Você poderá então desfrutar um caso de amor vitalício que lhe trará a mais opulenta realização de dentro para fora.

EDIFICADORES DA SABEDORIA DA PROSPERIDADE

1. O que você gostaria de fazer por si mesmo que você considera extravagante?

2. O que você gostaria de fazer para si mesmo que considera muito consumista?

Reformule o seu desejo como uma expressão do seu valor.

Agora faça o que você quer ou elabore um plano para fazê-lo.

3. Se você estivesse para deixar este mundo em breve, existe alguma coisa que você desejaria ter feito?

O que seria preciso para você torná-la realidade?

AFIRMAÇÕES:

Dou a mim mesmo tanto amor quanto dou àqueles de quem eu gosto profundamente.
Mereço tudo que o meu coração deseja e mais ainda.

PAGO PARA SER VOCÊ MESMO

*Não pergunte a si mesmo o que o mundo precisa;
pergunte a si mesmo o que o deixa animado, e em seguida faça-o.
Porque o que o mundo precisa é de pessoas animadas.*

— Harold Whitman

Quando Dave Barry estava na segunda fase do ensino fundamental, ele era o palhaço da turma e frequentemente se metia em apuros por contar piadas durante as aulas. Certo dia, a professora de Dave o repreendeu: "É melhor você fazer alguma coisa séria, Dave Barry – você não poder levar a vida contando piadas."

Hoje, mais de quarenta anos depois, Dave Barry é o maior escritor cômico dos Estados Unidos. Autor de muitos livros populares, ele escreve a coluna humorística publicada na maior rede de jornais americanos. Oh, e na sua jornada ganhou um Prêmio Pulitzer.

A professora da escola fundamental estava completamente errada. Dave Barry *está* levando a vida contando piadas, e está se saindo muito bem, por sinal. Ele está fazendo milhões de pessoas rirem, convidando-as a relaxar com relação às suas dificuldades e inspirando todos nós a viver uma vida mais genuína.

Do mesmo modo, o universo o pagará para ser você mesmo. Quando você é fiel ao que gosta de fazer e ao que faz melhor, você prepara o caminho para a satisfação pessoal, para o sucesso e para a assistência aos outros. Nunca permita que críticas de terceiros prevaleçam sobre a sua alegria de ser e expressar quem você é.

As pessoas receosas lhe darão os mais diversos motivos pelos quais você deveria fazer o que é seguro e geralmente aceito. Elas lhe dirão que a carreira artística não é lucrativa, insistirão com você para que tire esse anel ridículo do umbigo, o adularão para que assuma o negócio da família, o pressionarão para que se case com uma pessoa da sua religião e tentarão induzi-lo a se preocupar com os mesmos problemas de saúde que as incomodam. Se você se entregar ao medo delas, você se tornará como elas – os mortos vivos, ou os que vivem com medo. Mas se você permanecer fiel à centelha de entusiasmo que faz com que você se sinta no auge da felicidade e completamente desperto, a vida o recompensará de maneiras milagrosas.

O que os outros lhe dizem que está errado com você pode ser exatamente o que está certo. As pessoas de mentalidade estreita podem rotular traços de caráter intensos de deficiências, quando na verdade eles são vantagens. Quando você respeita as suas inclinações especiais, elas o guiarão para o passo seguinte. Uma mulher chamada Donna Lynn sentia que esgotara a sua função executiva e ansiava por uma carreira mais gratificante. Certa noite, quando trabalhava até mais tarde, Donna foi ao toalete e reparou que a equipe noturna de limpeza estava jogando fora rolos de papel higiênico nos quais ainda restava muito papel. Donna Lynn considerou isso um desperdício de um valioso recurso, de modo que recolheu os rolos e os levou a um abrigo de sem-teto nas proximidades. Com o tempo, ela passou a achar o seu envolvimento com essa instituição beneficente tão gratificante que se tornou uma voluntária, depois uma coordenadora voluntária e, finalmente, veio a assumir uma função assalariada, o cargo de diretora de uma instituição voluntária cujas atividades abrangiam toda a cidade. O trabalho de Donna Lynn obteve tanto êxito que ela alcançou notoriedade nacional e recebeu um prêmio por serviços extraordinários que a levou a Washington, D.C., onde foi homenageada pelo Presidente e sra. Clinton e conheceu vários ex-presidentes dos Estados Unidos e as respectivas esposas. Tudo isso em decorrência de uma ideia espontânea a respeito de um rolo de papel higiênico! Algumas pessoas poderiam considerar frívola essa preocupação, e no entanto ela conduziu Donna Lynn a uma nova e gratificante carreira, a um imenso sucesso e a um serviço comunitário realmente significativo.

A coisa mais difícil do mundo é tentar ser uma coisa que não somos, e a mais fácil é ser nós mesmos. Isso pode parecer simples demais, mas a simplicidade pode ser o antídoto perfeito para uma mente complicada. Como comentou certo sábio: "A verdade é simples; se fosse complicada, todo mundo a entenderia." Nunca julgue, minimize ou diminua quem você é ou o objetivo que o atrai. Jamais confie em conselhos ou opiniões que lhe peçam para ser menos do que você é para que você possa se aproximar mais do que outros querem que você seja. Quando você se contém, refreia todas as coisas que você traz à vida. Você não está feliz com o fato de Dave Barry não ter acreditado nas críticas da sua professora? Afinal de contas, dos dois, foi ele que recebeu um Prêmio Pulitzer.

EDIFICADORES DA SABEDORIA DA PROSPERIDADE

1. Que características do seu caráter as pessoas costumam criticar?

    1.
    2.
    3.

2. Que características você critica em si mesmo?

    1.
    2.
    3.

3. De que maneira essas características podem ser vantajosas ou proveitosas para outras pessoas?

Característica	Vantagem ou Benefício
1.	1.
2.	2.
3.	3.

4. Por que você acha que muitos gênios e pessoas importantes são considerados excêntricos?

5. Cite alguém que é pago para fazer o que adora fazer.

    O que essa pessoa sabe ou vive que poderia lhe ensinar alguma coisa?

AFIRMAÇÕES:

Celebro a minha singularidade e a expresso livremente.
A vida contribui para que eu seja eu mesmo.

UM RETORNO EXTRAORDINÁRIO

Assim que você confiar em si mesmo, saberá como viver.

— Johann Wolfgang von Goethe

Quando escrevi o meu primeiro livro, *The Dragon Doesn't Live Here Anymore,* eu morava em um pequeno sótão alugado. Os meus únicos bens eram um Honda Civic e uma guitarra amiga. Eu dava aulas de yoga em uma escola de educação para adultos e ganhava apenas o suficiente para sobreviver. Escrevia os meus textos em uma pequena máquina de escrever elétrica que pegara emprestada com um amigo.

Certo sábado à tarde, enquanto eu examinava os artigos expostos numa venda de garagem, topei com uma máquina de escrever semelhante à que eu estava usando. O preço marcado era 50 dólares, bem salgado para mim na época. Quando pensei na possibilidade de comprá-la, racionalizei que eu na verdade não precisava do objeto; eu estava escrevendo apenas para me divertir, e quando acabasse de escrever o livro, eu simplesmente devolveria ao dono a máquina que pedira emprestada.

No entanto, enquanto voltava de carro para casa, não consegui tirar a máquina de escrever da cabeça. Sentei-me à minha pequena mesa e visualizei a máquina diante de mim. Mais tarde, quando eu estava pegando no sono, a imagem dela surgiu na minha mente. Humm... 50 dólares... Será que ela realmente valia a pena?

No final da semana, a ideia da máquina de escrever estava me incomodando tanto que decidi voltar à casa onde eu a vira. Decidi que se ela ainda estivesse lá, isso seria um sinal do universo. Como era de se esperar, a venda de garagem não tinha acabado (ela era permanente). E lá estava a máquina de escrever. Eu a comprei.

Terminei o meu livro naquela máquina de escrever, e *Dragon* tornou-se um *best-seller*. Até esta data, ele vendeu mais de 200 mil exemplares. No nível do varejo, o livro rendeu 2,5 milhões de dólares, a partir de um investimento inicial de 50 dólares.

Desde aquela época, escrevi muitos outros livros que geraram uma receita significativa para as editoras e para mim. O mais importante é que recebi muitas cartas sinceras de leitores agradecendo-me por inspirá-los a mudar a sua vida para melhor. Hoje eu acho que 50 dólares foi um investimento de grande eficácia no meu trabalho, na minha carreira e no mundo.

À semelhança do que aconteceu no caso da minha máquina de escrever, você talvez tenha diante de si agora um salto de fé, simbolizado por uma medida de ação que você esteja decidindo se deve ou não tomar. Você ouviu falar em um curso ou uma palestra; uma casa, um carro ou outro artigo podem ser colocados à venda; ou uma pessoa pode convidá-lo para trabalhar com ela em um novo setor. Você pode se sentir inspirado a convidar uma pessoa para sair ou se casar com você, ou a ter um filho. Ou você pode ser levado a terminar um relacionamento, pedir demissão do emprego ou encerrar uma situação na sua vida.

Esses saltos geralmente produzem dois sentimentos intensos: entusiasmo e medo. A questão é a seguinte: qual é o equilíbrio entre o entusiasmo e o medo? Se a sua animação for maior do que a sua reserva, você tem a química para avançar. Se está mais receoso do que entusiasmado, continue examinando a sua decisão até descobrir o seu conhecimento mais profundo a respeito dela. Quanto mais você se aproximar da sua verdade autêntica, mais fortalecido você se sentirá em uma ou outra direção.

Você poderá hesitar em investir em si mesmo ou em um projeto valioso porque, no momento, não percebe o enorme potencial que ele encerra. Poderá se perguntar se vale a pena o tempo, a energia ou o dinheiro que você iria despender. Poderá perguntar aos seus botões se é competente o bastante para empreendê-lo. Você poderá achar que a pessoa que o convidou cometeu um erro, ou seja, que se ela realmente soubesse quem você é ou o que você pode fazer, não estaria fazendo o convite. Todas essas são questões de desmerecimento que a situação o está ajudando a enfrentar e superar.

Embora possa parecer que o seu bem-estar depende da sua decisão, o processo encerra um propósito mais profundo. O convite que você tem diante de si o ajuda a enfatizar as questões relacionadas com você dar o passo seguinte. Ele o ajuda a reconhecer quem você realmente é, como se sente e o que quer, além de obrigá-lo a entrar em contato com uma maior sinceridade e autorrespeito. Nesse sentido, a decisão externa é um modelo para o crescimento interior. A minha decisão de comprar a máquina dizia respeito a muito mais coisas do que uma mera máquina de escrever. Eu acreditava em mim mesmo e no meu trabalho? Eu merecia ter uma ferramenta valiosa que tornaria a minha atividade literária mais fácil? Eu merecia possuir o meu próprio instrumento em vez de depender do de outra pessoa? E muitas outras coisas...

O fato de você ter prazer em pensar em uma ideia, de ela ser bem recebida por outras pessoas e estas demonstrarem interesse em ouvir mais, de ela ser capaz de aprimorar a vida dos outros e de você se sentir fortemente estimulado a colocá-la em prática e não conseguir tirá-la da cabeça são indicações de que se trata de um investimento meritório; não apenas em um objeto ou situação, mas em você mesmo.

Reze e peça orientação a respeito das decisões importantes. Consulte a sua essência interior para sentir se você pode dar esse passo com alegria e confiança. Se não puder, observe e aguarde. Se puder, salte. Olhe antes de saltar, mas em seguida dê o salto. O investimento poderá produzir um retorno além dos seus sonhos mais extravagantes.

EDIFICADORES DA SABEDORIA DA PROSPERIDADE

1. Descreva um salto de fé que você tenha dado e que tenha afetado toda a sua vida.

2. O que seria um salto de fé hoje para você?

   Por que você tem vontade de fazer isso?

   Por que você merece fazer isso?

   Que receios ou reservas você tem com relação a fazer isso?

   O que a sua orientação interior está lhe dizendo?

3. Você se sente atraído no momento por algum objeto ou oportunidade que signifique que você tenha que fazer um investimento em si mesmo?

   De que maneira esse investimento poderia valer a pena fazer?

AFIRMAÇÕES:

Os meus talentos, visões e intuições merecem ser cultivados e promovidos.
As minhas escolhas representam a minha fé
e o meu investimento em mim mesmo.

VOCÊ PODE DEIXAR DE FAZÊ-LO?

Quando as forças primordiais da natureza lhe disserem para fazer uma coisa, não se preocupe com os detalhes.

— Do filme Campo dos Sonhos

Durante muitos anos, a minha assistente no escritório, Noel, alimentou o sonho de ter o registro de professora. Noel frequentemente tinha fantasias a respeito de frequentar uma faculdade especializada para fazer um curso de formação avançado, mas não tinha certeza se esse seria o caminho correto para ela e não sabia como reuniria coragem para realizar o seu sonho. Além disso, ela teria que ir para um país distante e se afastar durante algum tempo do emprego, dos amigos e da família.

Certa manhã, Noel chegou radiante ao escritório. "Decidi fazer o curso", declarou, com um sorriso.

Pude perceber que ela estava realmente decidida. "O que a fez tomar essa decisão?", perguntei.

"Eu não conseguia tirar a ideia da cabeça. Finalmente, ontem à noite, perguntei a mim mesma: "Você pode *deixar* de ir?" Foi quando me dei conta de que eu não poderia *deixar* de ir. Venho pensando em fazer esse curso há muito tempo, e a ideia não para de bater à porta da minha mente. Ela está ficando cada vez mais forte. Tem que haver um motivo. Ouvi dizer que, no fim da vida, não nos arrependemos do que fizemos e sim do que *deixamos* de fazer. Eu sei que me arrependeria de não ter feito este curso, de modo que telefonei esta manhã para a faculdade e fiz a minha inscrição.

Noel foi para o exterior, fez o curso e recebeu o registro. Além disso, conheceu um homem, se casou e hoje tem uma bela família. Noel está muito feliz por ter seguido a sua intuição!

Pouco depois de eu ter publicado *The Dragon Doesn't Live Here Anymore* com recursos próprios, eu me perguntei como poderia divulgar o livro. Eu não sabia nada a respeito da indústria editorial e tampouco estava interessado nos aspectos comerciais da publicação.

Foi quando me deparei com o catálogo de um distribuidor que se especializava em livros relacionados com *A Course in Miracles*.* Eu era aluno do Curso, e uma parte significativa do material em *Dragon* foi inspirado nele. Essa empresa de divulgação poderia ser uma boa ideia, pensei. Mas como eu era tímido com relação à autopromoção, joguei o catálogo na cesta de lixo e adiei os meus planos de marketing para uma data futura.

Uma semana depois recebi uma carta de um amigo pelo correio. Quando abri o envelope, encontrei uma cópia do mesmo catálogo que eu jogara fora. "Acho que você deveria enviar o seu livro para essas pessoas", escreveu o meu amigo.

Tudo bem, tudo bem. Eu sou capaz de entender uma dica.

Entrei em contato com a empresa e mostrei o meu livro ao dono. Ele ficou entusiasmado, incluiu *Dragon* no catálogo e colocou exemplares nas

---

* *A Course in Miracles* (também chamado de *the Course (o Curso)*, livro escrito pela dra. Helen Schucman e o dr. William Thetford, descreve uma nova abordagem à espiritualidade baseada em ensinamentos cristãos. Schucman ditou o livro baseada em uma voz interior que ela descreveu como sendo proveniente de uma fonte divina, especificamente Jesus Cristo. O livro utiliza uma terminologia judeu-cristã tradicional, mas não está associado às doutrinas de nenhuma religião. O livro é publicado no Brasil, em português, com o título *Um Curso em Milagres* pela editora Foundation For Inner Peace. Informações podem ser obtidas no site http://www.milagres.org/. (N. da T.)

mãos de pessoas-chave. Logo o livro tornou-se popular. Em breve, recebi convites para dar palestras no mundo inteiro, conheci pessoas maravilhosas, apresentei programas, vendi uma grande quantidade de livros e me senti mais do que nunca realizado na minha carreira. Em pouco tempo, a minha vida mudou consideravelmente.

Quando uma coisa estiver certa e for importante para você, o universo "ficará no seu pé", incentivando-o a fazê-la. Você poderá resistir a dar o passo seguinte, adiá-lo, negá-lo ou até mesmo fugir dele, mas se um acontecimento, relacionamento, atividade ou carreira estiver em sincronia com o destino que você escolheu, ele encontrará maneiras de captar a sua atenção e fazer com que você permaneça no jogo.

Se você não tiver certeza se deve ou não fazer alguma coisa, procure *não* fazê-la e ver o que acontece. Se o impulso se dissipar, você terá a sua resposta. No entanto, se a voz se tornar mais insistente, se você não conseguir parar de pensar no assunto ou se o universo não parar de fazer com que a ideia apareça "diante de você", provavelmente é do seu maior interesse atender ao chamado.

Em vez de julgar ou menosprezar as sugestões intuitivas, imagine que elas procedem de um manancial de sabedoria. Na maioria das vezes, você constará que havia uma boa razão para você sentir o impulso. A sua intuição é como um músculo; quanto mais você a utiliza, mais forte ela fica, e mais facilidade você terá para reconhecer o caminho da sua felicidade. Frequentemente você receberá a confirmação por meio de algum tipo de sinal exterior.

Embora eu não creia num destino que nos seja imposto por uma fonte estranha, acredito que atraímos certas situações que escolhemos num nível muito profundo a fim de que possamos avançar no caminho da nossa vida. Com frequência essas situações continuam a se apresentar até que as reconhecemos, aceitamos e agimos em função delas. Se alguma coisa não para de aparecer, e você continua a desejar fazê-la, pense seriamente no assunto. Se você *não* pode deixar de fazê-la, é preferível entregar-se ao amor.

EDIFICADORES DA SABEDORIA DA PROSPERIDADE

1. Você consegue se lembrar de uma ocasião em que a sua voz interior o perseguiu até você fazer uma coisa que o lançou em um novo nível na sua vida?

De que maneira a sua orientação interior captou a sua atenção, e o que você fez para atendê-la?

2. Existe alguma coisa que você esteja se sentindo motivado a fazer agora, mas que vem adiando ou à qual vem resistindo?

O sentimento está se tornando mais fraco ou mais forte?

Caso atendesse ao chamado, o que você faria?

3. Você tem uma prática espiritual que o ajuda a entrar em sintonia com a sua sabedoria interior?

Quando você está em contato com essa orientação, o que você sabe?

AFIRMAÇÕES:

Estou aberto e receptivo ao chamado do destino que escolhi.
Estou confiante de que a paixão e o entusiasmo me conduzirão ao meu bem maior.

COMO J. C. PENNEY FUNDOU A SUA REDE DE LOJAS

A verdade cria o dinheiro, e a mentira o destrói.

— Suze Orman

Conheci um homem cujos pais eram amigos do famoso J. C. Penney, fundador da rede de lojas americana do mesmo nome. Quando Dan era criança, o sr. Penney foi ao apartamento dos seus pais entregar um cheque destinado a uma instituição de caridade. Dan se lembra de o sr. Penney ter dito o seguinte aos seus pais: "Bem, tenho que me retirar agora antes que o parquímetro marque mais 5 centavos."

Fiquei pasmo ao ouvir que um homem que possuía uma riqueza tão fenomenal estivesse preocupado com o fato de gastar 5 centavos adicionais e cheguei mesmo a ficar tentado a julgá-lo como sendo um tanto ou quanto mesquinho. Entretanto, depois de refletir um pouco, percebi que Penney obviamente acreditava que nenhuma quantia deveria ser desperdiçada. Como tinha um sistema e aderia a ele, Penney acumulou uma vasta riqueza.

Posteriormente, conheci uma mulher que utilizava um método incomum de atrair dinheiro para pagar as suas contas. Em pelo menos uma ocasião, quando ela se deu conta de que não tinha dinheiro suficiente no banco para pagar os seus compromissos, decidiu preencher os cheques necessários e acreditar que no momento em que os beneficiários os sacassem, o dinheiro necessário para cobri-los estaria na sua conta corrente. E a sua fé funcionou para ela.

Estamos diante de dois sistemas de crenças totalmente opostos a respeito de como lidar com o dinheiro, e ambos alcançaram êxito! Essa constatação guarda uma profunda lição.

Existem tantos caminhos para a prosperidade quanto sistemas de crenças. Algumas pessoas são imensamente parcimoniosas, e outras extremamente generosas. Quem alcança o sucesso? Aquelas que são fiéis à sua fé e às suas expectativas. Um dos elementos fundamentais da prosperidade é a *integridade com relação à sua própria verdade*. Se você agir em harmonia com o que você sabe, você terá êxito. Se você tentar o sucesso baseado na fórmula de outra pessoa, mas sem compreendê-la totalmente ou sem se sentir à vontade com ela, você debilitará o seu sucesso.

Pesquisas indicam que a questão que gera mais divergências entre os casais é o dinheiro. Essas discussões frequentemente têm lugar porque os parceiros alimentam diferentes convicções a respeito de como gastar o dinheiro. Um dos cônjuges, por exemplo, pode ser tipicamente um gastador, e o outro um poupador. Este último tenta fazer com que o gastador seja mais prudente, e este tenta levar o poupador a ser mais relaxado com relação ao dinheiro. Quando os dois parceiros estão apegados à sua posição, especialmente quando alimentados pelo medo ou pela emoção, a discussão fica dando voltas, ninguém sai vencedor e nada muda.

Uma das maneiras de conduzir a questão e o relacionamento ao nível seguinte é um dos parceiros incentivar o outro a ser fiel às suas próprias convicções. Isso pode ser difícil em um relacionamento no qual o dinheiro é compartilhado. No entanto, se um dos parceiros conseguir relaxar e abrir espaço para que o outro faça as coisas do jeito que quer, uma parte das arestas desaparece da discussão, e a prosperidade pode ser estimulada a circular mais livremente.

Certa cliente me contou que ela e o marido passavam por um permanente mal-estar a respeito de quem iria ser responsável pelas finanças da família. A esposa geralmente supervisionava a contabilidade da família, e o fazia com competência. Depois de algum tempo, ela se cansou da responsabilidade e ficou ressentida porque o marido não participava do processo. Ela finalmente o confrontou e pediu que ele assumisse o encargo de cuidar da contabilidade, e ele concordou. Entretanto, não foi preciso muito tempo para que ele se lembrasse do motivo pelo qual ela estava responsável por aquela tarefa: o seu marido simplesmente não era competente com relação a questões monetárias, de modo que rapidamente a contabilidade financeira da família virou uma bagunça. Assim sendo, a esposa retomou a tarefa, chegando à conclusão de que essa seria a única maneira pela qual ela seria executada, dessa vez com mais entendimento e resignação.

A prosperidade, assim como os relacionamentos e a vida como um todo, baseia-se na autenticidade. Quando você está em harmonia com quem você é e com o que você acredita, as coisas têm uma maneira de ser resolvidas. Quando você tenta cantar a música de outra pessoa, você desaparece e o universo lhe dará alguns sinais muito claros de que você se desviou da sua verdade.

Você não precisa se explicar, se justificar ou se desculpar para o seu sistema de crenças; você apenas precisa vivê-lo. A maneira como você o faz pode ser inteiramente diferente do modo que a maioria das pessoas vive, ou qualquer pessoa vive. Isso não importa. Se você pretende construir o seu império economizando moedas de 5 centavos, você o fará. Se você acredita que terá o dinheiro para pagar as suas contas quando os cheques forem compensados, você terá. (Mas certifique-se de que a sua fé é poderosa, caso contrário você poderá obter resultados confusos.)

O que acontece com o seu dinheiro é um espelho perfeito da sua mente. Use as suas interações financeiras e os resultados delas como um *feedback* a respeito do quanto você é leal às suas convicções. Nesse sentido, você não pode se equivocar porque aprenderá uma lição com cada acontecimento. Depois, você poderá correr para o parquímetro ou ficar para repetir a sobremesa, e de qualquer maneira sairá vencedor.

EDIFICADORES DA SABEDORIA DA PROSPERIDADE

1. Que estilo de economia, gastos ou administração financeira (ou ausência deles) funciona melhor para você?

2. Você sente que deve pedir desculpas, coloca-se na defensiva ou tem vontade de discutir quando alguém com um estilo diferente o questiona ou critica?

3. Você tenta impor as suas convicções ou o seu estilo a outra pessoa?

   Se tenta, de que maneira isso funciona melhor?

4. Cite três pessoas que sejam bem-sucedidas com o dinheiro. Caracterize o estilo de cada uma delas ao lado do nome:

Nome	Estilo
1.	1.
2.	2.
3.	3.

5. Você discute com o seu parceiro de relacionamento a respeito de como administrar o dinheiro?

   O que mantém a discussão ativa?
   O que a atenua?

AFIRMAÇÕES:

Sou leal às minhas convicções a respeito do dinheiro e do sucesso. O universo me respalda enquanto ajo com integridade com relação a mim mesmo.

UPGRADE

Dê esse passo! Execute essa ação!
Você ficará abismado ao sentir que o esforço realizado,
em vez de ter exaurido a sua força, a terá duplicado –
e que você já enxerga com mais clareza
o que precisa fazer a seguir.

— Phillipe Vernier

Enquanto eu conversava com Jana, que estava pensando em se inscrever no Mastery Training no Havaí, ela me disse que estava ansiosa a respeito de usar a sua poupança para participar do treinamento. "Eu só tenho alguns milhares de dólares, e essa viagem praticamente acabaria com a minha reserva."

"Como anda a sua vida?", perguntei.

"Não muito bem", respondeu Jana em um tom sério. "Não gosto do meu emprego, a minha saúde não anda boa e eu gostaria de ter um relacionamento."

"Parece que você não tem nada a perder", eu lhe disse. Enquanto investigávamos os seus problemas, Jana chegou à conclusão de que qualquer coisa que pudesse fazer para melhorar a sua situação valeria a pena o investimento, de modo que se inscreveu no programa.

No treinamento, Jana descobriu o seu valor e experimentou uma enorme mudança energética. No final do seminário, ela me disse: "Telefonei para a companhia aérea para descobrir quanto custaria um *upgrade* para a primeira classe no voo de volta para casa."

"O que eles disseram?", perguntei.

"842 dólares", respondeu ela, acrescentando em seguida com um sorriso malicioso: "Eu disse que pagaria a diferença." Fiquei empolgado ao ver Jana colocando em prática os princípios ao cuidar de si mesma.

Algumas semanas depois, conversei com Jana por telefone e perguntei se ela havia gostado do voo de volta para casa. "*Adorei* a primeira classe", me disse ela. "Fiquei acordada a noite inteira, tomando lentamente os drinques de cortesia e me balançando de um lado para o outro no amplo assento. Acho que passarei a voar na primeira classe de agora em diante!"

Jana prosseguiu: "Quando cheguei em casa, presenciei um milagre. Descobri que eu tinha um fundo de pensão do qual eu havia me esquecido completamente, com um saldo de vários milhares de dólares. Desse modo, a minha viagem foi totalmente paga, inclusive o meu *upgrade* para a primeira classe!"

Quando você estiver pensando em fazer alguma coisa que o coloca no limite dos seus recursos financeiros, não pense no dinheiro como uma perda e sim como uma afirmação do seu valor nesse projeto. Há muitos anos, Louise Hay escreveu um pequeno folheto chamado *Heal Your Body*, fazendo um resumo do relacionamento entre padrões de pensamento, doenças e a cura. O folheto ficou popular e Louise decidiu produzir ela mesma uma grande quantidade deles na edição seguinte. Mandou imprimir as páginas em uma gráfica próxima e depois as grampeou, com a ajuda da mãe. Certa noite, quando as duas estavam sentadas no chão da sala de estar de Louise grampeando os folhetos, a sua mãe fez a seguinte sugestão: "Por que você não compra um grampeador elétrico, querida?"

"Porque ele custa 75 dólares, mamãe", respondeu Louise. "Acho um pouco caro para mim no momento."

Mas quando Louise pensou no assunto, chegou à conclusão de que essa seria a oportunidade perfeita para praticar os princípios que estava ensinando. Comprou um grampeador elétrico, e o resto todo mundo conhece. O folheto de Louise se expandiu e se transformou no livro *You Can Heal Your Life,* que se tornou um *best-seller* internacional. A editora de Louise, a Hay House, veio a se tornar uma força significativa na área da saúde holística, publicando livros de autores importantes e tendo um lucro anual de muitos milhões de dólares. Quando visitei Louise pela última vez, ela me levou no seu Rolls-Royce dourado para o restaurante em que almoçamos.

Embora alguns caminhos religiosos e espirituais sugiram que devemos pôr de lado o desejo e ficar satisfeitos com o que for colocado no nosso caminho, a minha opinião é que a vida consiste mais em expansão do que em acomodação. O seu desejo de uma vida melhor não é um sinal de ganância e sim um crescimento natural. A corrente da evolução está sempre conduzindo a vida a níveis mais sofisticados e prazerosos.

Louise Hay não está ferindo ninguém por ter um Rolls-Royce, e você não está magoando ninguém ao procurar e reivindicar coisas melhores para si mesmo. Essas coisas melhores podem assumir a forma de um assento de primeira classe em um avião, uma casa em uma área que o atraia ou um relacionamento com mais profundidade e conexão. O fato de você se permitir certas comodidades caras também pode conduzi-lo a uma simplicidade maior na sua vida; quase todas as pessoas que têm muitas coisas chegam a um ponto no qual têm vontade de se livrar de muitas delas. O principal elemento não é o que você deseja, e sim por que você o deseja. Se a sua vida como ela é no momento é perfeitamente compatível com o seu verdadeiro eu e as suas verdadeiras escolhas, então siga em frente em alto estilo. Se existe algo em seguida, peça-o e reivindique-o. Jana acabou tendo o assento que queria na primeira classe e, de certo modo, reavendo o dinheiro que gastara nesse luxo. Afinal de contas, não foi um mau negócio.

EDIFICADORES DA SABEDORIA DA PROSPERIDADE

1. Que percentual das suas despesas anuais você gasta para se divertir, participar de comemorações e cuidar de si mesmo?

Você estaria disposto a aumentar esse percentual? Para quanto?

2. Do dinheiro que você já gastou até hoje, quais os investimentos que você fez em si mesmo que você mais recorda?

3. Se você recebesse uma grande quantia com a condição de que você só poderia investi-lo em atos ou objetos de alegria, autoexpressão ou criação, o que você faria com o dinheiro?

Você pensaria na possibilidade de investir parte do seu dinheiro em um tributo a si mesmo, tendo confiança de que o seu investimento seria recompensado?

4. Se você tivesse dinheiro para contribuir para a alegria de outras pessoas, quem você ajudaria e o que você as ajudaria a obter?

AFIRMAÇÕES:

Avanço com elegância do bom para o melhor, e do melhor para o excelente.
Peço tudo o que eu quero, e o universo me atende.

QUATRO: NÃO SE PREOCUPE COM AS COISAS INSIGNIFICANTES E NÃO PAPARIQUE AS COISAS DIFÍCEIS

> Deixe que as coisas sejam fáceis.
>
> O esforço não é necessário.

A JUSTIÇA MAIS AMPLA

Sempre constatei que a misericórdia produz mais frutos do que a justiça rigorosa.

— Abraham Lincoln

Apresentei há muitos anos um seminário noturno num centro de saúde holístico. Tivemos um grande público, e no final da noite a patrocinadora me deu um cheque de 1.000 dólares. Depositei o cheque e ele foi devolvido por insuficiência de fundos. Quando tentei depositá-lo novamente, fui informado de que a conta da patrocinadora havia sido encerrada.

Telefonei para ela e perguntei o que estava acontecendo. Ela me explicou que o centro estava indo à falência, mas que ela honraria o cheque. Algumas semanas depois, recebi uma carta da patrocinadora onde ela me dizia que o seu contador lhe informara que ela poderia pagar a conta ao longo de um período de três anos.

Pensei a respeito do assunto e decidi não tentar pressioná-la. Eu não estava disposto a despender tempo e energia para receber o dinheiro, e tampouco queria ficar angustiado. Desse modo, desliguei-me do assunto até segunda ordem. Entretanto, à medida que os meses foram passando, a dívida começou a me incomodar, e eu ficava irritado quando pensava no assunto. Um ano depois, enviei uma carta amistosa à patrocinadora perguntando-lhe se ela já poderia me pagar o que devia. Ela respondeu dizendo que ainda estava com problemas financeiros. Outro ano se passou sem que eu recebesse nenhum pagamento. Enviei outra carta, mas dessa vez não obtive resposta.

Foi então que um dia, quando folheava uma revista, descobri que essa mesma mulher tinha inaugurado outro centro e estava patrocinando seminários. Aparentemente, o centro estava indo bem, e ela estava obviamente tendo algum lucro. Claramente, ela se encontrava numa situação de poder pagar o que me devia.

Irritado, redigi uma longa carta para a mulher, pressionando-a a me pagar. Terminei a carta no dia em que estava partindo para uma turnê de palestras, de modo que disse ao meu assistente que não a enviasse até que eu tomasse uma decisão final.

Durante a turnê, rezei pedindo uma solução para o problema. A minha orientação interior me disse que eu simplesmente parasse de pensar nele. Tentar arrancar dinheiro dessa mulher não seria uma tarefa fácil, e certamente não muito divertida. Compreendi que o meu sentimento de ter sido explorado havia me corroído lentamente durante três anos, e eu não quis perder ainda mais a minha tranquilidade por causa do assunto. Eu me senti bem mais leve e mais livre ao simplesmente deixar a dívida para lá e seguir adiante com a minha vida. Telefonei para o meu assistente e lhe disse que rasgasse a carta.

Naquela semana, apresentei um programa para um grupo grande no qual eu seria pago de acordo com o número de participantes. Contei o número de pessoas na audiência e cheguei à conclusão de que a minha remuneração seria aproximadamente 3.000 dólares. No final do programa, o patrocinador me entregou um cheque de 4.000 dólares. Perguntei-lhe se ele estava certo de que o valor era aquele, e ele respondeu que tinha a mais absoluta certeza.

Não pude deixar de rir. O universo estava me mostrando como as coisas dão a volta. Em uma área tive uma perda que não esperava, mas em outra recebi um ganho inesperado de igual valor. O presente imprevisto tornou o rendimento ainda mais significativo para mim. Compreendi que a minha ideia de justiça era limitada demais. O universo tem maneiras inteligentes de acomodar o desequilíbrio. O dinheiro que eu "havia perdido" no primeiro evento voltara para mim através de outra porta.

O que vai volta. A vida tem uma maneira de acertar as contas. Estamos jogando em um campo muito maior do que o que reconhecemos. No final, não importa como as contas são acertadas. Tenha simplesmente confiança de que tudo estará sob controle.

Brigar por causa de dinheiro em geral exige mais esforço e energia do que vale a pena gastar. Quanto o dinheiro vale para você? A sua felicidade? A sua paz? A sua saúde? Os seus relacionamentos? A sua vida? Se você estiver tentado a ameaçar ou punir outras pessoas por causa de dinheiro, pergunte a si mesmo se realmente vale a pena empregar táticas violentas. Isso vai lhe proporcionar o que você realmente deseja? Se você confiasse no seu bem-estar e na disposição e na capacidade da vida de propiciá-lo, você estaria investindo o seu tempo e a sua energia nisso, ou existem coisas mais prazerosas que você preferiria estar fazendo?

Peça o que você quer e merece, e peça àqueles com quem você interage que sejam responsáveis com relação ao que consentirem. Ofereça integridade e exija-a, ao mesmo tempo que adota uma postura objetiva a respeito das suas transações. *O mais importante é que o mais importante continue a ser o mais importante.* Coloque sempre a paz de espírito em primeiro lugar, e as suas contas apresentarão um equilíbrio profundo e até mesmo milagroso.

A maré sempre enche de novo.

— Dr. Norman Vincent Peale

EDIFICADORES DA SABEDORIA DA PROSPERIDADE

1. Você está brigando com alguém por causa de dinheiro?

   Você perdeu a paz de espírito por causa disso?

   Se manter a paz de espírito fosse a sua principal prioridade, o que você estaria fazendo de um modo diferente?

2. De que maneira concentrar-se em dívidas passadas o impede de viver plenamente no presente?

3. Se você tivesse certeza de que a vida cuidaria de você independentemente dos reveses temporários que pudessem ocorrer, de que maneira os seus sentimentos ou ações seriam diferentes?

4. Você consegue pensar numa ocasião em que tenha parado de pensar em uma coisa que o estava preocupando, e surgiu uma solução inesperada?

AFIRMAÇÕES:

*A vida cuida de mim de uma maneira milagrosa.
Abandono qualquer sentimento de perda e aceito o que é bom
por intermédio de portas e pacotes inteligentes.*

SURFANDO EM VAGALHÕES

O sucesso não precisa se esgarçar, se esticar ou esfolar se vestirmos o tamanho ideal para nós.

— Sarah Ben Breathnach

A poucos quilômetros da minha casa há uma famosa enseada usada pelos surfistas conhecida como *Jaws* (Vagalhões). Essa turbulenta baía tem esse nome por exibir algumas das maiores ondas do mundo. No auge do inverno, somente os surfistas mais habilidosos e obstinados se atrevem a surfar nas ondas monstruosas que chegam a ultrapassar vinte metros de altura. As ondas são tão gigantescas que os surfistas precisam ser rebocados para depois da rebentação por *jet skis* para poder desenvolver a velocidade necessária para pegar as imensas ondas.

Assisti ao filme *Nas Mãos de Deus,* que foi filmado em Jaws, e fiquei impressionado ao ver o chefe do grupo de três surfistas pegar uma onda tão grande que ele ficou parecendo um palito em comparação com ela. Fiquei ainda mais assombrado com o fato de ele dar a impressão de estar realmente *relaxado,* já que aparentava ter estabilidade e equilíbrio enquanto transpunha uma onda do tamanho de um prédio de três andares. Foi quando compreendi o seguinte: *o relaxamento é mais poderoso do que a resistência.* Ele não estava relaxado porque era o chefe do grupo. Ele era o chefe do grupo porque era capaz de permanecer relaxado nas circunstâncias mais árduas.

A característica marcante de um verdadeiro mestre é a estabilidade. Quando mantém a dignidade quando está sendo atacado, você emerge triunfante. Qualquer tipo de atitude defensiva motivada pela ansiedade ou de pressão contra pessoas ou condições só fará enfraquecê-lo e torná-lo vulnerável. Permaneça equilibrado enquanto defende firmemente a sua intenção, e você estará em harmonia com a Força, a qual é insustável.

Quando comecei a organizar e oferecer retiros de desenvolvimento pessoal e profissional, eu o fiz com bastante nervosismo. No início de um programa, eu corria de um lado para outro como uma galinha sem cabeça, certificando-me de que todos os detalhes estavam sendo abordados. Eu provavelmente não estava sendo um bom exemplo de tranquilidade.

Posteriormente, participei de uma grande convenção numa importante universidade, à qual compareceram vários milhares de pessoas. Na primeira noite do programa, reparei que o organizador estava conversando no pátio com alguns dos participantes. Para meu assombro, ele estava bem relaxado, rindo com os clientes e, obviamente, divertindo-se a valer. Essa imagem me afetou profundamente. Se ele conseguia ficar à vontade e brincalhão tendo milhares de pessoas sob a sua responsabilidade, imaginei que ele ficaria relaxado sendo responsável por um número bem menor de pessoas. Essa é exatamente a postura para a qual eu evoluí. Um único momento no qual passei observando aquele exemplo positivo fez uma enorme diferença na minha vida e no meu trabalho.

Às vezes uma experiência instigante ou uma aventura que apresente um desafio nos traz um benefício que não é óbvio no momento, mas que dá frutos com o tempo. Um dos meus clientes perdeu o emprego de apresentador e procurou outro ao longo de um intervalo de dois anos. Esse período foi muito penoso para Jerome, pois a sua autoestima estava associada ao seu desempenho e à aprovação da parte das outras pessoas. Nas nossas sessões de *coaching*, ficou claro para nós dois que Jerome havia entregue o seu poder à sua função, e grande parte da gratificação da sua vida havia dependido da opinião dos outros a respeito dele. O tempo que passou desempregado lhe proporcionou a tremenda oportunidade de reconhecer o seu valor não pelo que ele faz e sim pelo que ele é. Apesar de difícil no início, a lição com o tempo calou-lhe na mente, e Jerome desenvolveu um sentimento de autoaceitação e dignidade que ele nunca teria desfrutado se continuasse a permitir que outras pessoas fossem a fonte da sua legitimação. Quando Jerome finalmente retornou à força de trabalho, ele havia crescido e se tornado tão mais estável que era como se fosse uma nova pessoa, o seu desempenho estava muito superior ao que fora e, acima de tudo, ele transmitia uma sensação de totalidade que anteriormente não possuía.

Você se encontra simultaneamente em duas jornadas. Uma delas é horizontal, representada pela trama da sua vida: acontecimentos, encontros, experiências, relacionamentos e resultados. A outra é vertical, retratada pelo que está acontecendo dentro de você: alegria, tristeza, paz, frustração, entorpecimento ou vitalidade. Embora a maioria das pessoas acredite que a jornada horizontal é o seu propósito na vida e aja como tal, na verdade estamos aqui para empreender a jornada vertical. Por trás de todas as suas façanhas mundanas, você é um ser espiritual que está aqui para se expandir até a sua mais elevada gratificação e expressão pessoal. Se você ficar preso à jornada exterior e não reconhecer a interior, ficará perdido e confuso em um grande jogo de tabuleiro – daqueles nos quais jogamos o dado e podemos avançar, saltar casas ou recuar, dependendo do número que aparecer no dado – que não tem nem significado nem direção. Se você entrar frequentemente em contato com o seu eu interior e fizer correções de curso em direção à autenticidade e à alegria, você permanecerá no rumo certo e a sua vida encerrará significado, propósito e gratificação.

A sua vida tem menos a ver com as coisas que você está fazendo e mais a ver com a maneira como você as está fazendo. É por esse motivo que algumas pessoas em posições modestas estão disparando espiritualmente enquanto muitas em posições conceituadas estão com a alma exaurida. Se quando você surfar nos seus vagalhões pessoais, conseguir manter um sentimento de fluxo, estabilidade e integridade, você será um verdadeiro sucesso. Encare os vagalhões com que venha a se deparar não como azar ou punição, e sim como uma oportunidade de ascender na sua jornada vertical. Depois, você dará consigo mesmo numa praia talvez com um troféu do mundo, porém, mais importante do que isso, você terá o conhecimento de que permaneceu fiel ao verdadeiro passeio no qual você se inscreveu.

Você não precisa ficar acordado noites a fio para ter sucesso; você precisa permanecer desperto dias sem fim.

— Fonte desconhecida

EDIFICADORES DA SABEDORIA DA PROSPERIDADE

1. Descreva um acontecimento do seu passado que tenha parecido esmagador quando aconteceu, mas que no final acabou fortalecendo-o.

   Que mudança na consciência possibilitou que você gerasse a transformação?

2. Existe alguma coisa acontecendo ao seu redor agora que pareça esmagadora?

   Se for este o caso, como você pode encará-la ou reagir a ela de uma maneira que lhe seja útil?

3. Onde você se encontra atualmente na sua jornada horizontal?

   Em que ponto você está na sua jornada vertical?

   Como você pode acelerar o seu movimento na sua jornada vertical?

AFIRMAÇÕES:

Eu me desloco com elegância a partir do meu centro.
Eu me harmonizo com as forças dentro de mim e à minha volta,
e aproveito a energia em meu benefício.

O NÍVEL SEGUINTE DE RELAXAMENTO

O trabalho árduo compensa no futuro. A tranquilidade compensa agora.

— Fonte desconhecida

Embora a maioria das pessoas acredite que não está fazendo o suficiente, o verdadeiro problema delas é que elas são muito duras consigo mesmas. Na nossa cultura, o stress, as expectativas pessoais excessivamente elevadas e a torturante autocrítica exercem em nós uma pressão anormal e debilitante que vem de dentro. O maior presente que você pode dar a si mesmo, à sua prosperidade e à sua vida é relaxar.

Tenho uma cliente que é extremamente bem-sucedida, porém altamente estressada. Sherry construiu uma empresa de prestígio e procura sinceramente ser útil aos seus funcionários e aos seus clientes. Entretanto, ela assume um tremendo fardo que lhe causou uma significativa dor física e emocional. Durante uma sessão de *coaching*, Sherry me disse que gerou uma programação de viagem futura "insana" que levou a sua equipe a recomendar com insistência que ela contratasse um assistente para aliviar um pouco o seu fardo.

Sherry rejeitou a oferta, mencionando que "Eu não desejaria uma viagem assim para uma pessoa de quem eu gostasse". Ressaltei para Sherry que enquanto ela estava sendo bondosa para com aqueles que ela desejava poupar dessa pressão, ela na verdade desejava que uma pessoa que ela amava fizesse essa viagem: ela mesma. Por que, perguntei a Sherry, ela fazia a ela mesma algo que não faria a outra pessoa? Finalmente, ela aceitou um assistente para a viagem e se ofereceu o precioso presente de cuidar de si mesma.

Embora seja proveitoso ter metas que estejam um pouco além do seu alcance no momento e esforçar-se para atingi-las, se você usar o processo como uma desculpa para se criticar, estará sabotando o seu sucesso e minando a alegria da sua jornada. Quando trabalho com perfeccionistas estressados, o cliente e eu conseguimos em geral remontar as exigências irracionais dele com relação a si mesmo a um pai, uma mãe ou outra autoridade punitiva. Ninguém nasce com uma voz crítica na cabeça. Aprendemos todo tipo de crítica com outras pessoas que são excessivamente críticas com relação a si mesmas e só sabem aliviar a sua dor projetando-a nos outros. É por esse motivo que *a voz crítica não é sua,* e tampouco o é a voz que o instiga a seguir em frente e ter um desempenho máximo a qualquer custo, a ponto de você reduzir a sua vida a um mero fiapo.

Se você tem a tendência de se pressionar demais, não é provável que consiga parar da noite para o dia. Os hábitos arraigados levam, com frequência, algum tempo para se desfazer. Se você aplicar uma ética altamente empreendedora a uma meta de relaxamento, você a estará sabotando. O seu crítico interior exigirá que você *relaxe neste momento,* e que o faça completamente e com perfeição, caso contrário você será um fracasso total – apenas outra estrofe de uma velha e triste canção. (Como adverte a placa no escritório: "O espancamento continuará até que o moral melhore.")

Então, como um perfeccionista de longa data reverte uma tendência e recupera a alegria e a satisfação na vida?

Em primeiro lugar, reconheça que o que você vem fazendo não lhe trouxe a felicidade que você busca. Dinheiro, talvez. Quem sabe prestígio e poder. Lauréis, provavelmente. Mas certamente não a paz. Se você perdeu a paz de espírito, o dinheiro, o prestígio, o poder e os lauréis não significam absolutamente nada. Em algum momento quase todos os perfeccionistas obsessivos compreendem que a vida deve encerrar algo mais. Esse é um momento significativo, até mesmo sagrado: você está pronto e aberto a receber ajuda.

Em seguida, procure verificar quando você para de se sentir à vontade com o seu desempenho exagerado compulsivo. Você pode sofrer sintomas físicos como dor de cabeça, problemas de digestão ou de eliminação, ou ainda distúrbios cardíacos ou respiratórios. Ou então você pode ficar irritado, briguento ou deprimido. Você pode também receber um choque ou uma provocação do universo, como ser abandonado por um parceiro, ser demitido do emprego ou ter problemas judiciais. Reestruture tudo isso como um sinal de alerta. Um universo amoroso e benevolente o está advertindo de que você se desviou da felicidade e está tentando lhe mostrar o caminho de casa. Nesse ponto, não amaldiçoe a vida – agradeça a ela.

A seguir, repare que *sempre existe um nível seguinte de relaxamento*. No momento em que você reconhecer que está estressado, pergunte aos seus botões qual é o nível seguinte. Você talvez não consiga ir do ponto A ao ponto Z num piscar de olhos, mas você pode ir do ponto A para o ponto B. Isso talvez seja tudo o que você consegue fazer, mas pode ser tudo o que você precisa fazer. Depois, um pouco mais tarde, vá de B para C, e assim por diante.

Eis alguns exemplos de níveis seguintes que você pode procurar:

- Respire longa, lenta e profundamente várias vezes.
- Saia da sua mesa, vá ao banheiro e borrife um pouco de água fria no rosto.
- Dê um breve passeio.
- Se você estiver no meio de uma discussão acalorada, sugira um breve intervalo para que você possa se recompor.
- Telefone para um amigo para bater um papo rápido.

- Vá malhar na academia.
- Faça uma massagem.
- Toque a sua música predileta.
- Tire um cochilo.
- Reze ou medite.
- Assista a um filme divertido.
- Brinque com o cachorro ou com o gato.

Esses são apenas alguns exemplos; faça o que der certo para você. Pergunte simplesmente a si mesmo o que lhe traria um pouco de alívio. Apare as arestas da sua irritação e você enxergará o passo seguinte com mais clareza, podendo até mesmo salvar a sua saúde, o seu casamento ou a sua vida.

Conheço um homem que trabalhava demais e que era dono de uma grande empresa de *hardware*. O seu *coach* pessoal sugeriu que ele fosse ao escritório quatro dias por semana em vez de cinco. (Se você acha que cinco dias por semana é pouco, este capítulo foi feito sob medida para você.) O homem resolveu seguir o conselho do *coach* e usou o dia extra para se dedicar a uma renovação pessoal. Começou a caminhar na praia com o cachorro, ler romances e visitar os netos. Ele disse ao seu *coach* que naquele dia de descanso ele se sentia tão revigorado e tinha tantas ideias novas que passou a ser muito mais produtivo nos quatro dias que agora ia ao escritório do que fora antes em cinco. Com o tempo, os lucros da empresa contaram a mesma história.

Os pequenos passos são excelentes, porque resultam em grandes passos. Os pequenos são especialmente proveitosos para os perfeccionistas, que precisam aprender que a vida consiste mais em estar em um lugar do que em chegar a algum lugar.

EDIFICADORES DA SABEDORIA DA PROSPERIDADE

1. Você se pressiona muito?

   Você exige mais de si mesmo do que dos outros?

2. Que declarações críticas ou indelicadas você faz para si mesmo?

   Essas declarações estão ecoando a voz de que pessoas?

3. O que você exige de si mesmo que não exigiria de uma pessoa que você ama?

4. Que sintomas físicos, emocionais ou circunstanciais o advertem de que você está estressado?

5. Pense em uma situação que o deixe perturbado ou estressado.

   Qual é o nível seguinte de relaxamento ao qual você poderia ir no que diz respeito a essa situação?

   Se quaisquer outras situações estressantes lhe vierem à cabeça, qual seria o seu nível seguinte de relaxamento para cada uma delas?

AFIRMAÇÕES:

Ofereço a mim mesmo o carinho que ofereceria a uma pessoa que eu amasse.
Procuro o meu nível seguinte de relaxamento e deixo que ele me ajude.

SE NÃO É DIVERTIDO, CONTRATE ALGUÉM PARA FAZÊ-LO

Encontrar a nossa vocação significa encontrar a interseção entre a nossa alegria mais intensa e o anseio mais profundo do mundo.

— Frederick Buechner

Existem dois grupos de pessoas cuja vida e prosperidade mudariam imediatamente se elas permitissem que outras pessoas as ajudassem: os artistas criativos e as pessoas com mania de controle. Seria impossível contar o número de conversas que tive com clientes de *coaching* que transcorreram mais ou menos assim:

> *Cliente:* Adoro criar os meus trabalhos artísticos, mas não sei como vendê-los.
> *Eu:* Arranje alguém para ajudá-lo.
> *Cliente:* Mas não posso me dar ao luxo de contratar uma pessoa.
> *Eu:* Procure alguém que o entenda e goste de você, e que aprecie o seu trabalho, e ofereça-lhe um percentual do rendimento que essa pessoa ajudar a gerar.

Cliente: (Fica sentado com uma expressão aturdida, como um cervo diante dos faróis de um carro.) Oh, claro, legal . . . odeio fazer esse tipo de coisa.

Eu: Você não precisa fazê-la.

Ou então:

Cliente: Estou me sentindo muito estressado. O meu negócio está decolando e ocupa praticamente todo o meu tempo. Minha esposa está frustrada e zangada comigo, e eu gostaria de ter mais tempo para passar com os meus filhos.

Eu: Contrate alguém para ajudá-lo.

Cliente: Mas ninguém sabe fazer o que eu faço, e não creio que alguém seja capaz de fazê-lo tão bem quanto eu.

Eu: Tire isso da cabeça. Existem pessoas capazes de fazer muito melhor do que você o que você não quer fazer.

Cliente: Como posso encontrar alguém?

Eu: Faça uma lista de todas as coisas que você não quer fazer. Essa é a lista de atribuições do cargo da pessoa.

Cliente: E depois, o que eu faço?

Eu: Apenas o que adora fazer.

Cliente: Parece bom demais para ser verdade.

Eu: Na verdade, é bom o bastante para ser verdade.

Existem dois tipos de pessoas no mundo: os visionários e os executivos. Os visionários têm grandes ideias mas não querem se incomodar com os detalhes de colocá-los em prática. Os executivos simplesmente adoram fazer as coisas. Raramente as duas características coexistem em uma só pessoa. Por essa razão, precisamos uns dos outros. Uma parceria entre um visionário e um executivo é extremamente poderosa, e propiciará a ambos os parceiros um sucesso e uma alegria infinitamente maior do que eles obteriam se tentassem fazer tudo sozinhos.

A resposta para as suas perguntas sobre negócios e prosperidade é bem mais simples do que haviam lhe dito antes:

*Seja o que você é e deixe que a vida o ajude
com o que você não é.*

Se você contratar a pessoa certa para ajudá-lo e ela fizer bem o trabalho, ela aumentará a sua renda, de modo que você poderá pagar o seu salário e o dela, e ainda aumentar os dois. Todo mundo sai ganhando.

Tomemos como exemplo Bill Gates, o homem mais rico dos Estados Unidos. (Você pode acompanhar a crescente riqueza de Bill em vários Web sites; algumas pessoas não têm nada mais interessante para fazer do que contar o dinheiro dele.) Considerando a taxa de rendimento de Bill, se ele estivesse caminhando por um corredor da Microsoft, avistasse uma nota de 1.000 dólares no chão e se abaixasse para apanhá-la, ele estaria ganhando menos dinheiro do que se não se abaixasse. Ele está ganhando mais dinheiro nesse intervalo de tempo simplesmente fazendo o que está fazendo. O sr. Gates é leal ao seu papel de visionário e criador, e tem milhares de pessoas executando as suas visões, muitas das quais adoram fazer exatamente isso. Bill não atende o telefone da recepção, não vai buscar papel para a copiadora no fornecedor e nem abastece a máquina de Coca-Cola. Ele ajuda outras pessoas que executam essas tarefas a ganhar dinheiro, e elas o ajudam possibilitando que ele ganhe dinheiro fazendo o que ele faz melhor. Uma fórmula vencedora, sem dúvida.

A convicção mais debilitante que conheço é a de que o trabalho exige sofrimento. A convicção mais liberadora que eu conheço é que uma carreira autêntica se baseia na alegria. Se essa afirmação lhe parece estranha, lembre-se das palavras dos irmãos Wright,* que descreveram da seguinte

---

* Os americanos não reconhecem Santos Dumont como o inventor do avião, e sim os irmãos Wright. (N. da T.)

maneira o seu processo de inventar o avião: "Mal conseguíamos esperar que chegasse a hora de nos levantar pela manhã." Observe a característica mais marcante do meio de vida correto. Você também pode desfrutar uma carreira igualmente abençoada, desde que seja fiel aos seus talentos especiais. Mantenha as coisas simples: faça o que você gosta de fazer e deixe que os outros cuidem do resto. Você se lembrará então de como as coisas podem ser boas, e simplesmente viverá de acordo com elas.

O desespero me diz que não consigo levantar aquele peso.
A felicidade me diz que não preciso levantá-lo.

— James Richardson

EDIFICADORES DA SABEDORIA DA PROSPERIDADE

1. Que aspectos do seu trabalho você realmente aprecia?

2. Com que aspectos do seu trabalho você preferiria não precisar se envolver?

3. Qual seria a lista de atribuições do cargo da pessoa que você contrataria para fazer as coisas que você preferiria não fazer ou para as quais não está qualificado?

4. Você acredita que ninguém mais pode fazer tudo que você faz tão bem quanto você?

   Você está aberto a considerar a possibilidade de que alguém poderia realizar elementos do seu trabalho com uma habilidade igual ou maior do que a sua?

5. Quanto valeria para você ter mais tempo livre e paz de espírito?

AFIRMAÇÃO:

Sou fiel aos meus talentos e alegrias e deixo que a vida me ajude com todo o resto.

ESPAÇO NO TOPO PARA TODO MUNDO

*Conceda a si mesmo um prazer abundante,
e você terá um prazer abundante para oferecer aos outros.*
— Neale Donald Walsch

Certa ocasião, quando eu estava apresentando um seminário de fim de semana na Grécia, um homem agradável chamado George convidou-me para almoçar com ele no dia seguinte, e eu aceitei. No entanto, ao se aproximar a hora do almoço, descobri que eu não estava com vontade de ir. Eu só conseguia pensar em voltar para o meu quarto no hotel e descansar. Desculpei-me com George explicando que eu precisava repousar um pouco. Para aplacar o mal-estar que eu estava sentindo por ter alterado os nossos planos, sugeri que nos sentássemos juntos naquela noite no banquete de gala na boate oferecido aos participantes do seminário. George aceitou com elegância o cancelamento e o subsequente convite, e eu estava esperando com prazer a companhia dele naquela noite.

Entretanto, quando o banquete começou, não vi sinal de George. A festa prosseguiu, e George não apareceu. Mais tarde, naquela mesma noite, avistei George em um compartimento reservado na parte de trás da boate, sentado bem perto de uma mulher bastante atraente. Os dois estavam de mãos dadas, conversando, rindo e, obviamente, divertindo-se bastante.

"Finalmente o encontrei", disse eu a George, à guisa de cumprimento. "Eu estava me perguntando o que teria acontecido com você."

"Uma coisa maravilhosa!", replicou ele, entusiasmado. "Como você e eu não fomos almoçar, saí com um pequeno grupo e conheci Lena." Lena colocou o braço no ombro de George e sorriu. "Realmente gostamos um do outro e estamos nos conhecendo melhor."

Balancei a cabeça, impressionado com o plano divino das coisas. Embora eu tivesse me sentido culpado por ter cancelado o meu compromisso para o almoço com George, a minha escolha estava completamente em harmonia com o que era melhor para ele. É possível que eu tenha preparado o caminho para que ele conhecesse a sua parceira!

Não existe o benefício privativo. O que é realmente certo para você precisa, em última análise, ser bom para os outros. Você provavelmente aprendeu que é egoísmo pedir o que você deseja; no entanto se você verdadeiramente cuidar de si mesmo estará aumentando a sua capacidade de cuidar dos outros. *O universo opera baseado no ganho mútuo.* O que funciona para você precisa, no fim das contas, funcionar para os outros. O sucesso não é competitivo e sim multiplicativo. Há espaço no topo para todo mundo.

Quando você está no lugar certo, na hora certa, com a pessoa certa e com o propósito certo, você prepara o terreno para que todos façam o mesmo. Se você se refrear por causa do medo, da culpa ou de sentimentos de obrigação, você obstrui o fluxo do bem-estar e do sucesso. A sua autenticidade é a rota mais direta para que você alcance as suas metas e ajude os outros a atingir as deles. Dê o tom fundamental da sua alegria, e você criará o ambiente ideal para que os seus amigos, parentes, clientes e até mesmo as pessoas que você encontra casualmente façam o mesmo.

Certa noite, Dee eu fomos a um restaurante onde nos colocaram em uma mesa debaixo de um aparelho de ar condicionado. Dee estava com frio, e embora os aperitivos já tivessem sido servidos, perguntamos ao garçom se poderíamos trocar de lugar. Não queríamos dar um trabalho adicional ao garçom, mas decidimos confiar no princípio de que "não existe o benefício privativo". O garçom atendeu ao nosso pedido e, alguns minutos depois, um casal idoso estava sentado na mesa que desocupáramos. Assim que o casal se sentou, o homem deu um suspiro de alívio e exclamou: "Ah! Ar condicionado – exatamente o que eu estava precisando!"

O nosso benefício estava intrinsecamente associado ao benefício de todos os clientes ali presentes. Se tivéssemos permanecido onde não estávamos felizes por sentir-nos sem jeito de pedir o que realmente desejávamos, poderíamos ter obstruído a oportunidade daquelas duas pessoas de receber o alívio que estavam buscando. Quando relaxamos e confiamos no processo da realidade mais ampla, a porta se abriu para que todos nós tivéssemos tudo que desejávamos.

Cada um de nós precisa responder sozinho uma pergunta fundamental sobre a prosperidade:

Vivemos num universo com recursos fixos e limitados, ou vivemos num universo com recursos e possibilidades ilimitados, capazes de satisfazer às necessidades de todas as pessoas?

Medite sobre essa pergunta e coloque todas as suas escolhas diante dela. Você talvez fique surpreso ao descobrir quantas das suas decisões afirmam que não existe o suficiente para todos. Essas escolhas geralmente se baseiam no medo. Quando você age em função do medo, você o enfatiza e, em vez de melhorar, as coisas pioram.

Em contrapartida, observe como você se sente e os resultados que obtém quando faz escolhas a partir da ponto de vista de que o bem é ilimitado. É a partir dessa consciência que provém todo o progresso e que os milagres acontecem. Anwar Sadat declarou o seguinte: "Você não é um realista se não acreditar em milagres." Dizem também que "Somente aqueles que conseguem enxergar o invisível são capazes de fazer o impossível". Quando você muda a sua maneira de ver as coisas, você modifica os seus resultados. Quando você mudar a maneira de encarar o mundo, o mundo que você vê se modificará.

Existe o suficiente de tudo para todo mundo. Viva como se você merecesse tudo que deseja mais intensamente, e você não apenas alcançará o seu pedido mas também preparará o terreno para que outros também recebam o que mais desejam.

EDIFICADORES DA SABEDORIA DA PROSPERIDADE

1. Você deseja alguma coisa com relação à qual você se sente egoísta?

   De que maneira você praticar essa ação ou obter essa coisa poderia ajudar outras pessoas?

2. Existe alguma coisa que você deseja recusar mas com relação à qual se sente culpado?

   Qual poderia ser o sim por trás do não? Que presente você está oferecendo a si mesmo ou a outra pessoa ao dizer não?

3. Alguém lhe disse não recentemente e você se sentiu magoado ou rejeitado por causa disso?

4. De que maneira o não que você recebeu pode representar uma coisa melhor para você?

AFIRMAÇÃO:

Quanto mais verdadeiro eu sou comigo mesmo, mais ajudo as outras pessoas.

CINCO: AS SUAS FINANÇAS DEPENDEM DE VOCÊ

> Crie, duplique, celebre.

UMA PLATEIA DE MILHARES

Precisamos aprender a definir o nosso rumo em função das estrelas, e não das luzes de cada navio que passa por nós.
— Omar Nelson Bradley

Dei uma olhada na plateia do seminário e fiquei desapontado porque esperava que mais pessoas comparecessem. Estávamos esperando centenas de participantes, mas apenas uma dezena de gatos pingados estava sentada no auditório. Enquanto eu tentava imaginar por que a frequência estava tão baixa, as minhas emoções entraram em parafuso. Será que os organizadores não tinham promovido suficientemente o seminário? O preço do ingresso estava muito alto? Eu não era um apresentador bom o bastante para atrair um grupo maior? Eu me senti constrangido e tive vontade de não estar ali. Quanto mais eu afundava no desapontamento, mais limitado eu me sentia.

O programa começou com uma apresentação musical feita por um casal que conheci nos bastidores. Ambos pareciam pessoas agradáveis e tinham um alto-astral. Sentei-me no meio da escassa plateia e esperei pelo número de abertura. De repente, o casal irrompeu no palco com uma enorme energia e entusiasmo. Eles atacaram a primeira música com uma onda de alegria e celebração que parecia desproporcional ao número de pessoas sentadas diante deles. Em poucos momentos, todos estavam batendo palmas e cantando com eles, e depois todo mundo ficou em pé. A minha energia logo ficou mais positiva, e me senti feliz por estar presente. O casal executou várias outras músicas dinâmicas e deu o tom para o que veio a ser uma noite muito intensa. Embora aqueles músicos estivessem se apresentando para poucas pessoas, eles deram tudo de si, como se estivessem tocando para uma casa cheia em Las Vegas, e prepararam o terreno para um evento bem-sucedido.

Aprendi uma enorme lição naquela noite: seja você um artista, profissional de vendas, gerente, pai ou mãe, professor, orientador psicológico, agente de cura ou qualquer tipo de profissional, você precisa *incentivar a si mesmo*. Você não pode se dar ao luxo de basear o seu desempenho na situação na qual você se envolve. Se você deixar que as condições externas determinem a sua atitude, o seu sucesso será condicional. A sua intenção e a sua energia precisam ser muito fortes para que você *crie* condições em vez de reagir a elas.

Se as suas ações ou a sua felicidade dependerem das circunstâncias externas, você oscilará para cima e para baixo como uma rolha na superfície de um mar agitado. Os seus dias e a sua vida profissional serão repletos de altos e baixos emocionais. Você se sentirá estressado e esgotado, e a sua jornada será acrescida de conflitos de relacionamento e problemas de saúde. Quando você entrega o seu poder a pessoas e circunstâncias, que são por natureza instáveis e transitórias, a sua vida fica fora de controle.

Se, por outro lado, você baseia as suas experiências no seu espírito interior, você traz à tona o seu poder para gerar resultados dinâmicos e desfrutar o processo. Em seguida, você se torna o mestre da sua carreira, do seu destino e da sua vida. A sua energia é proveniente das suas escolhas, não do mercado.

Decida neste exato momento definir o seu rumo, não importa o que as aparências possam indicar. Seja maior do que as suas circunstâncias, e estas se modificarão de maneira a refletir as suas intenções. Você não precisa fazer um enorme esforço para criar uma mudança positiva na sua plateia, nos seus clientes ou nos seus alunos. Quase todas as pessoas tentam gerar o sucesso manipulando as pessoas e as coisas que as cercam. Elas não compreendem que o primeiro passo para a verdadeira mudança é modificar a si mesmas. Quando você está consolidado em uma consciência superior, as situações se colocarão em harmonia com os seus pensamentos elevados, com muito menos esforço da sua parte do que se você tentasse corrigir pessoas e coisas. James Allen escreveu o seguinte: "Pensamos em segredo, e as coisas acontecem; o ambiente é o nosso espelho."

Aqueles que se elevam além das massas ou das aparências não são restringidos pelo tempo, pelas estações ou por limites pessoais. Mel Tormé escreveu a sua clássica *Christmas Song* [Canção de Natal] ("Castanhas assando numa fogueira...") no mês de junho. Oscar Hammerstein compôs o seu musical mais apreciado, *A Noviça Rebelde,* quando estava à beira da morte. Franklin Delano Roosevelt conduziu os Estados Unidos numa guerra confinado a uma cadeira de rodas. A grandeza não conhece os limites dos quais o medo se afastaria assustado.

No período que se seguiu aos ataques terroristas de 11 de setembro de 2001, a maioria das pessoas passou a ter medo de voar e a indústria do turismo mergulhou em profunda recessão. Muitas empresas do setor foram à falência. Por volta de março de 2002, li um artigo no jornal que enfatizava um grupo de agentes de viagem que estava prosperando. Essas empresas haviam programado pacotes de férias para a primavera de 2002, mesmo durante a queda de 2001. Embora muitos outros agentes tenham ficado imobilizados durante o declínio nos negócios que teve lugar depois de 11 de setembro, alguns se deram conta de que em algum momento as pessoas se sentiriam dispostas e desejosas de viajar de novo. Quando a primavera chegou, esses agentes já tinham programado as suas excursões e estavam felizes por serem capazes de acomodar os clientes. A sua visão mais abrangente prevaleceu sobre as aparências do momento.

Dirija-se mentalmente à sua meta antes que o seu corpo comece a fazer qualquer coisa. Perguntaram a um astro do basquete como ele obtinha um percentual de pontuação tão elevado. "A bola está na cesta antes de sair da minha mão", respondeu ele. A Bíblia ensina o seguinte: "Agradeça pelo fato de a sua prece ter sido atendida antes de ver o resultado." Em vez de avançar *em direção* à sua meta, viva *a partir* dela, e você alcançará resultados extraordinários. Existe um lugar na consciência no qual o seu sonho já se tornou realidade. Visite-o com frequência, e não demorará muito para que você viva o seu sonho na vida do dia a dia.

É fácil e natural sentir entusiasmo quando os negócios vão bem, o lucro aparece e as coisas estão correndo como você deseja. Entretanto, os verdadeiros mestres são aqueles capazes de gerar entusiasmo quando as coisas não estão indo bem. A maré sobe e desce, mas o seu sentimento de bem-estar deriva de um manancial bem mais profundo e mais forte do que a fortuna mundana. Entre em contato com ele, e você controlará o seu destino.

EDIFICADORES DA SABEDORIA DA PROSPERIDADE

1. De que maneira você permite que as pessoas ou as coisas determinem a sua energia ou a sua felicidade?

De que maneira você entrega o seu poder para elas?

Pense numa ocasião em que você não tenha deixado os outros determinarem a sua disposição de ânimo ou a sua reação. O que você reconheceu e sentiu naquele momento que possibilitou que você subisse além das condições?

2. Qual a pessoa que você conhece que mais gera as próprias experiências e circunstâncias?

O que essa pessoa faz que a torna vitoriosa?

3. Escolha uma meta específica que você gostaria de alcançar.

Dedique nesta semana dez minutos por dia para fantasiar a respeito de como você se sentiria se já tivesse tornado essa meta realidade. Feche os olhos e envolva-se com o sentimento da sua intenção, até que ela pareça real. Em seguida, observe o que acontece.

AFIRMAÇÕES:

Sou o criador da minha experiência.
Consolido a minha visão com alegria, sucesso e serviço.
e a minha vida reflete as minhas intenções.

UMA ECONOMIA PESSOAL

O visionário prospera na presença de todas as circunstâncias.
— Abraham-Hicks

A Grande Depressão foi uma época difícil para muitas pessoas, mas não para todas. Durante aqueles anos, enquanto muitos lutavam com dificuldades, outros prosperavam e alcançavam extraordinárias realizações.

Foi durante a Depressão que as maiores façanhas arquitetônicas do século XX foram alcançadas. O Empire State Building, que enfeita a silhueta dos prédios de Manhattan e inspirou um sem-número de nova-iorquinos, turistas e pessoas apaixonadas, foi construído durante os anos mais magros dos Estados Unidos. A pedra fundamental foi assentada em 1931, e o prédio veio a se tornar o edifício mais alto do mundo, tendo sido construído a uma velocidade sem precedentes, de 4,5 andares por semana, e concluído em apenas quatorze meses. O custo final da obra foi de 41 milhões de dólares (equivalentes hoje a 603 milhões), valor que foi adiantado por financiadores particulares.

Do outro lado do país, outra maravilha tecnológica despontava. A Golden Gate Bridge, cuja construção havia sido evitada durante muito tempo por ser considerada uma ideia irrealista, foi aprovada pelos eleitores da Bay Area* em 1930 por meio de um título no valor de 35 milhões de dólares (ou 500 milhões hoje). A ponte necessitou das torres mais altas, dos cabos mais longos e grossos, e dos maiores pilares de ponte subaquáticos jamais construídos, afixados debaixo de um mar considerado por muitos terrivelmente agitado. No entanto, o ano de 1937 presenciou a inauguração da ponte, que até hoje se ergue como um símbolo do triunfo da intenção. Enquanto muitas pessoas no país estavam concentradas no que estavam perdendo, outras estavam investindo a sua visão, a sua fé e os seus dólares no que poderia vir a ser.

Independentemente da tendência econômica predominante, algumas pessoas passam por dificuldades enquanto outras prosperam. A diferença tem pouco a ver com as circunstâncias externas e muito a ver com a consciência pessoal. A alegria de muitos investidores aumenta e diminui com o mercado de ações. Os criadores intencionais, por outro lado, reconhecem que a sua prosperidade depende do que eles geram *dentro* deles e não do que acontece do lado de fora. Eles compreendem o poder que têm de alterar a sua experiência escolhendo os pensamentos que iriam alimentar. Assim sendo, eles geram uma abundância condizente com a sua visão expansiva.

Trabalhei numa loja cujo proprietário tinha a tendência de reclamar e se justificar. À medida que o seu negócio perdia cada vez mais dinheiro, ele culpava todas as circunstâncias possíveis fora dele: a economia, o tempo, os seus funcionários, os fornecedores incompetentes e tudo o mais em que conseguia pensar. Com o tempo, o negócio foi à falência, devido a uma longa lista de razões que ele poderia relatar, se precisasse.

A três quilômetros dali havia uma loja semelhante que estava cada vez mais próspera. Ela estava sujeita às mesmas circunstâncias das quais o meu patrão se queixava, e no entanto estava progredindo financeiramente. A diferença crucial entre as duas lojas era a atitude dos gerentes. A gerente do

---

* Área da Baía de San Francisco, na Califórnia. (N. da T.)

outro estabelecimento tinha um alto-astral, adorava o que fazia, considerava o atendimento ao cliente uma alta prioridade e assumia a responsabilidade por levar adiante as tarefas que o meu patrão culpava os outros porque não eram realizadas. Não foi por acaso que a loja do meu patrão faliu enquanto a outra se manteve em plena atividade.

Embora os dois estabelecimentos ficassem a uma curta distância um do outro, os dois donos moravam em economias drasticamente diferentes, que nada tinham a ver com a quantidade de dinheiro que estava circulando pelo país; elas tinham mais a ver com os pensamentos e as atitudes que percorriam a psique dos proprietários.

As circunstâncias que outras pessoas atraem para si não precisam afetar você da mesma maneira. Se um médico mencionar estatísticas de quanto tempo você levará para ficar curado ou de quanto tempo você irá viver de acordo com o seu atual diagnóstico, um mostrador de óculos para perto exibir o grau da receita que você precisa de acordo com a sua idade, ou um psicólogo lhe informar as suas chances de o seu novo casamento dar certo com base no número de vezes que você se casou anteriormente – essas pessoas ou o aparelho estão fazendo as suas suposições baseados nas estatísticas do que aconteceu a outras pessoas que passaram antes de você por situações semelhantes. O fato que eles não são capazes de calcular é a sua consciência exclusiva. Apenas porque outras pessoas conduziram a energia delas de uma certa maneira não quer dizer que você tenha que operar a sua do mesmo jeito. Se você fizer escolhas mentais, emocionais ou comportamentais diferentes, produzirá resultados diferentes.

Anos atrás, quando excursionei pela antiga União Soviética, visitei uma igreja em uma pequena cidade na qual os habitantes tradicionalmente veneram uma imagem da Virgem Maria. Durante uma epidemia que se espalhou rapidamente por todas as áreas circundantes e que se revelou fatal para quase todos os infectados, ninguém na cidade foi contaminado. Esse é o poder da fé e da consciência convergente.

Você tem o poder de prosperar na presença de todas as circunstâncias. Você tem o poder de viver de acordo com a sua escolha. Você é tão próspero quanto imagina ser. Você está se saindo melhor do que supõe, e tem mais oportunidades do que tem conhecimento. Lembre a si mesmo o bem-estar que lhe está disponível, e mesmo que outras pessoas se conformem com pouco, você construirá torres cintilantes e estenderá pontes através de mares agitados.

Aqueles que dizem que não pode ser feito
são em geral interrompidos por pessoas que o estão fazendo.

— James Baldwin

EDIFICADORES DA SABEDORIA DA PROSPERIDADE

1. Você já teve êxito em um projeto quando outras pessoas estavam fracassando em algo semelhante, ou quando lhe haviam dito que você tinha poucas chances de sucesso?

Qual era a diferença entre a sua atitude e a delas?

2. A economia determina a sua atitude, ou a sua atitude determina a economia?

Que variável exerce a influência mais poderosa?

Que variável você consegue controlar melhor?

3. A que condições externas você entregou o seu poder (por exemplo, o mercado de ações, as condições atmosféricas, as notícias, as contas mensais, o mercado de trabalho, a atitude de outras pessoas?)

Exercite-se deixando de prestar atenção a essas variáveis; tome a decisão de ser feliz e ter uma atitude positiva independentemente do que possa estar acontecendo ao seu redor ou do que outras pessoas possam estar dizendo e fazendo.

AFIRMAÇÕES:

A minha economia depende apenas de mim.
Gero condições e resultados desejáveis.

É IMPOSSÍVEL AGRADAR A TODO MUNDO

*É melhor escrever para si mesmo e não ter um público,
do que escrever para o público e não ter um eu.*

— Cyril Connolly

Depois de enviar um boletim informativo pelo correio no qual incluí um artigo sobre um assunto polêmico, recebi várias cartas com queixas de pessoas cuja opinião diferia da minha. Elas não gostaram do meu senso de humor e se ofenderam com alguns dos meus comentários. Esse *feedback* me deixou perturbado, pois eu não tinha a intenção de prejudicar ninguém e sinceramente desejava fortalecer os meus leitores, e não insultá-los.

Em um seminário que ofereci pouco depois, descrevi a situação para os participantes, os quais fizeram alguns comentários bastante proveitosos. Um homem me perguntou: "Quantos boletins você enviou?"

"Mais ou menos três mil."

"E quantas cartas com reclamações você recebeu?"

"Recebi três."

"Bem, esse é um percentual bastante baixo!", comentou ele.

A constatação mais comovente veio de um homem chamado Scott. "Sabe, Alan", me disse Scott, "duas das coisas que mais aprecio em você são o seu senso de humor e a sua capacidade de levar na brincadeira assuntos que outras pessoas levam a sério. Se você parar de brincar, *eu* ficarei desapontado e ofendido... *e aí* o que você vai fazer?"

Os comentários de Scott me fizeram compreender melhor a situação. Percebi que não importa o que eu faça, algumas pessoas concordarão comigo e gostarão de mim, e outras não. Eu não conseguiria agradar a todos os que me cercam e mantê-los felizes o tempo todo. A minha função não é tentar ser tudo para todo mundo, e sim ser quem eu sou e o que eu sou. Quando a popularidade torna-se mais importante do que a autenticidade, nós comprometemos e sacrificamos a nossa felicidade. Quando compreendi isso, abandonei a minha insegurança com um agradável suspiro de alívio e senti um grande peso ser retirado do meu ombro.

Se você tentar construir a sua vida ao redor das expectativas das outras pessoas, você está condenado ao fracasso. Em um dos seminários que apresentei no Havaí, uma das participantes fez várias reclamações: o centro onde funcionava o retiro era rústico demais, a sua cama era muito dura, a comida não estava de acordo com a sua dieta, e assim por diante. A minha equipe e eu tentamos de todas as maneiras satisfazer todas as exigências dela, mas parecia que, independentemente do que fizéssemos, nada era suficiente. Fiquei preocupado e cheguei a pensar que talvez devêssemos reconsiderar a nossa escolha do local de maneira a poder agradar a todos os clientes.

Depois do programa, essa mulher e outra participante passaram vários dias em um *resort* de luxo em Mauí. Posteriormente, perguntei à sua colega de quarto se elas haviam gostado do hotel. "Fiquei bastante satisfeita", respondeu ela. "Mas a minha colega de quarto se queixou o tempo todo. Nada que o hotel fizesse a deixava satisfeita." Percebi então que o problema não era o nosso centro e sim os óculos escuros através dos quais a primeira participante enxergava a vida. O mesmo acontece com todos nós, para melhor ou para pior.

Ninguém jamais conseguiu agradar a todo mundo, e você não será a primeira pessoa a fazê-lo. Até mesmo Jesus, Buda, Gandhi, Martin Luther King Jr., o Dalai Lama e muitos agentes de mudança do mundo, de coração puro, ficaram sujeitos à ira daqueles que não os compreendiam. Você pode estar absolutamente certo, e mesmo assim algumas pessoas o desprezarão. Quando Galileu afirmou que a Terra era redonda e não plana, a Igreja considerou essa proposição uma heresia e o condenou à prisão perpétua. (Existe até hoje uma sociedade da "Terra Plana", cujos seguidores argumentam que todas as fotos da Terra tiradas do espaço são forjadas e que o programa da Lua foi uma farsa.) As pessoas notáveis que causam mudanças no mundo não recuam nem comprometem a sua integridade em benefício da opinião popular. Elas são fiéis à orientação interior e ao seu relacionamento com o seu Poder Superior. Em vez de causar satisfação aos outros, essas pessoas agradam à sua própria alma, que na verdade é tudo que realmente importa.

Uma das minhas clientes foi diagnosticada com câncer, e depois de algumas séries de quimioterapia, ela decidiu seguir um método da medicina alternativa. "Quando eu disse aos meus amigos que estava fazendo quimioterapia, os que tinham uma visão holística ficaram fora de si", explicou a minha cliente. "E quando eu disse aos meus amigos com uma mentalidade convencional que ia me submeter a tratamentos da medicina alternativa, eles ficaram realmente transtornados", acrescentou ela. O que devemos fazer então? A nossa única escolha é seguir a nossa orientação interior mais intensa.

Tom Peters, autor de *In Search of Excellence* e um dos mais respeitados especialistas em negócios, afirma que "se você não estiver recebendo um *feedback* negativo de pelo menos 20% dos seus eleitores, você provavelmente não está fazendo nada que valha a pena". Ele também salienta que se depois de apresentar um seminário sobre paixão e integridade nos negócios "alguns dos nossos funcionários não pedirem demissão, certamente estamos fazendo alguma coisa errada". Assim sendo, as divergências, a adversidade ou os abalos dentro de uma organização podem não ser um sinal de que as coisas estão desmoronando; ao contrário, podem ser uma indicação de que as coisas estão se tornando coesas.

Embora você não deseje deliberadamente ofender ninguém, você não pode se dar ao luxo de levar para o lado pessoal o fato de alguém discordar de você ou se aborrecer por causa das suas ações. Se depois de se dedicar à prece, à reflexão e à introspecção você tiver certeza de que as suas intenções são puras e que você forma um todo com os seus valores, libere mental e emocionalmente aqueles que o criticam e, como diz a Bíblia: "Sacuda a poeira dos seus pés e siga em frente."

EDIFICADORES DA SABEDORIA DA PROSPERIDADE

1. Ao longo da sua vida, você sempre tentou agradar ao maior número possível de pessoas?

De que maneira as suas tentativas de agradar aos outros lhe custaram a sua integridade ou paz interior?

O que você aprendeu ao tentar fazer com que os outros mantivessem uma elevada opinião a seu respeito?

2. Você está tentando agradar atualmente a alguma pessoa na sua vida à custa da sua própria felicidade?

Como você pode elevar seus pensamentos e ações para manter sua paz?

3. Existe alguma coisa que você gostaria de fazer, mas que não está fazendo porque receia opiniões negativas?

Como você poderia recompor a visão dessa meta de maneira a se sentir inspirado a se empenhar em alcançá-la?

AFIRMAÇÕES:

Na vida, sou fiel ao meu caminho e concedo aos outros a mesma liberdade. Sou motivado pelo conhecimento interior em vez de pela opinião pública.

QUEM ESTÁ TRABALHANDO PARA QUEM?

Um homem de intenções honradas, com um pouco de esforço e confiança na sua própria capacidade, poderá desfrutar uma vida profunda, tranquila e abundante – desde que aja de um modo independente.

— Henry Miller

Enquanto eu negociava a compra de um terreno, tive acesso a certas informações a respeito da propriedade que depreciaram o seu valor. Diante dessa deficiência, determinei à minha corretora que reduzisse em 25 mil dólares a oferta que eu fizera. Nessa ocasião, descobri que ela era uma negociadora acanhada. "Acho muito difícil que o vendedor aceite essa redução", replicou ela timidamente.

Senti que eu precisava ser firme. "Preciso que você sustente a minha posição e faça exatamente o que estou pedindo."

"Tudo bem, tudo bem", retrucou a corretora, desculpando-se. "Se é isso que você quer oferecer, essa será a minha proposta."

Poucos minutos depois, ela me ligou. "Tenho boas notícias: o vendedor aceitou a sua oferta."

Os juros sobre os 25 mil dólares que economizei na transação corresponderam a outros 25 mil dólares durante o período do empréstimo, de modo que uma única negociação representou uma economia de 50 mil dólares. Eu me senti certamente muito feliz por ter pedido à minha corretora que fosse firme e representasse plenamente as minhas intenções.

Quando você contrata um profissional, essa pessoa é o seu representante e você está pagando a ela para ajudá-lo a alcançar as metas que você escolheu. Médicos, advogados, terapeutas, arquitetos, agentes de artistas e decoradores estão ao seu lado para ajudá-lo a tornar realidade a sua visão, e não a visão que eles gostariam de escolher para você. Ao trabalhar com qualquer tipo de agente, certifique-se de que a sua visão e a dele estão em harmonia.

Certa amiga me informou que havia contratado um homem para administrar a sua popular loja de presentes, que era respeitada por proporcionar um atendimento agradável ao cliente. O novo gerente, no entanto, tinha a reputação de ser um vendedor teimoso, áspero, direto e agressivo. Eu disse à dona, a minha amiga, que achava que esse homem talvez não fosse a escolha ideal para o cargo. Ela se colocou na defensiva e me disse que estava determinada a fazer o que queria. Alguns meses depois, ela telefonou para mim e me disse que havia demitido o gerente depois de ele ter se indisposto com vários clientes. Ela acrescentou que não poderia ter um gerente que fosse menos amável com os clientes do que ela própria.

A sua escolha de um médico ou profissional da área da saúde é igualmente importante. Se você estiver em busca de saúde e bem-estar, certifique-se de que a pessoa que escolheu para ajudá-lo tem uma visão semelhante à sua. Muitos médicos, por mais bem-intencionados e qualificados que possam ser, são treinados para prestar mais atenção às deficiências do paciente e mantê-lo em uma identidade de doença do que para perseguir a eficiência do paciente e mantê-lo em uma identidade de saúde. Você se sente melhor ou pior depois de passar algum tempo com o médico ou o profissional que o está atendendo? Quanto melhor você se sentir na presença dele, mais provável é que venha a alcançar os resultados que está procurando. Quando o cachorro da minha vizinha se machucou gravemente, ela o levou a um veterinário que proferiu um horrível diagnóstico sobre o animal. O cachorro tentou se reanimar, mas teve complicações, e todas as vezes que a dona o levava ao veterinário, este encontrava outro problema. Passado algum tempo, a minha vizinha ficou frustrada com o ininterrupto estado debilitado do cachorro, de modo que o levou a outro veterinário. No momento em que este último entrou na sala de exames, a minha vizinha sentiu um grande alívio. Ele sorriu e lhe assegurou que o cachorro logo ficaria bom, colocando-o em um regime bem mais simples do que o receitado pelo veterinário anterior. O cão começou rapidamente a se recuperar para grande alegria da sua dona.

Outra amiga minha estava tentando passar por um divórcio amigável. O seu advogado estava pressionando-a para que atacasse e destruísse, uma tática que não representava o tipo de energia e nem os resultados que a cliente estava procurando obter. Aconselhei-a a recomendar ao advogado que representasse as suas intenções, pois era ela que teria que conviver com os resultados. A minha amiga e o advogado tomaram finalmente uma linha de ação mais suave que deu origem, com o tempo, a um relacionamento de ganho mútuo com o ex-marido, o qual produziu efeitos produtivos nos filhos do casal.

É claro que o bom profissional pode e deve dar conselhos e fazer sugestões baseadas na sua experiência. Mostre-se aberto a ouvir, respeitar e avaliar os conselhos do seu agente ou representante. Faça uma experiência, reflita sobre o que ele sugeriu, reze a respeito da sugestão e envolva-se com ela. Se você conseguir apoiá-la com confiança e entusiasmo, leve-a adiante. Um bom representante com frequência pode realizar um trabalho melhor do que o que você faria sozinho. Entretanto, se depois de refletir e deliberar, você não tiver vontade de avançar numa determinada direção, você não pode se dar ao luxo de fazê-lo. Seja transparente com o seu agente ou representante a respeito dos objetivos que você deseja alcançar. Um bom agente respeitará as suas intenções e fará o possível para cumpri-las. Talvez pedir o que você quer valha 50 mil dólares. Pode até valer bem mais: a sua paz de espírito e a profunda satisfação de saber que você agiu de acordo com os seus verdadeiros valores e escolhas.

EDIFICADORES DA SABEDORIA DA PROSPERIDADE

1. Cite um agente ou representante com quem você trabalhou e que representou as suas intenções, ajudando-o a obter o que você queria.

Cite outro agente ou representante que não tenha representado as suas intenções.

Que lições você aprendeu com essas experiências?

2. Pense em um agente ou representante com quem você esteja trabalhando no momento.

Em uma escala de 1 a 10, com que competência essa pessoa está representando os seus interesses?

Em que áreas ela o está representando bem?

Que áreas você gostaria de reforçar ou melhorar?

O que você poderia dizer ou fazer para aprimorar a representação do seu agente ou representante?

3. Se você estiver representando outras pessoas, como poderia se harmonizar melhor com as necessidades delas de maneira a representá-las ainda melhor?

AFIRMAÇÕES:

Atraio profissionais que estão em harmonia com o meu propósito.
Os meus agentes e representantes representam as minhas intenções,
e juntos alcançamos as metas mais elevadas.

SEIS: DISTRIBUA, DISTRIBUA, DISTRIBUA

> Disseminar prosperidade atrai prosperidade.

MUITAS AVENIDAS

A minha vontade moldará o meu futuro.
Serei a única responsável pelo meu fracasso ou o meu sucesso.
Eu sou a força;
Posso eliminar qualquer obstáculo no meu caminho ou ficar perdida na confusão.
Minha escolha, minha responsabilidade;
Ganhar ou perder, somente eu detenho a chave do meu destino.
— Elaine Maxwell

Recebi um convite de uma empresa de prestígio para apresentar uma palestra para uma vasta plateia em uma conferência de grande porte que iria se realizar numa importante cidade. Fiquei exultante! Essa importante exposição, acompanhada de vendas substanciais de livros, representava um importante impulso na minha carreira. Era extremamente provável que eu fosse me unir ao rol dos oradores regulares dos enormes eventos que essa companhia organizava algumas vezes por ano em centros populares ao redor do país. Sem dúvida uma reviravolta monumental para mim!

Alguns dias depois, recebi outra carta da empresa na qual ela me informava que lamentavelmente teriam que cancelar o convite. Eles me haviam contratado para substituir uma palestrante que pretendiam demitir, mas depois de uma pesquisa ulterior perceberam que ainda tinham um compromisso contratual com ela. Resumindo a história, ela continuava e eu caía fora.

Eu me senti desalentado, frustrado e ludibriado. A minha grande oportunidade escorregara pelos meus dedos! Como isso podia ter acontecido? Comecei a ficar deprimido.

Na ocasião em que recebi a notícia, eu estava visitando uma amiga que ouviu a minha história e percebeu que eu ficara perturbado. Ela escutou durante algum tempo e depois me perguntou: "Será que isso não aconteceu por uma boa razão?"

Uma boa razão? O que poderia existir de bom nisso? Toda a situação parecia simplesmente confusa e decepcionante. Inspirei profundamente e pensei durante algum tempo sobre o que a minha amiga dissera. De repente, ocorreu-me uma ideia que me libertou e mudou a minha vida.

Compreendi que essa produtora não era o único manancial da minha prosperidade. Ela era apenas uma avenida através da qual o meu bem-estar poderia fluir. Havia muitos outros canais através dos quais oportunidades atraentes e a prosperidade poderiam vir na minha direção. Eu atribuíra um poder excessivo a essa companhia. A empresa era minha amiga – não a minha salvadora.

Reconheci que a verdadeira fonte da minha abundância não é uma pessoa ou uma organização, e sim a própria vida. Quando compreendi esse fato, eu me libertei. A minha dor, a minha frustração e a minha angústia se dissiparam, e eu me senti ainda mais fortalecido do que quando antevira que iria apresentar a palestra.

Desde aquele dia, nunca mais considerei uma pessoa ou uma empresa como o único manancial do meu bem-estar. Qualquer pessoa ou qualquer coisa pode me proporcionar prosperidade. E a minha carreira não sofreu nem um pouco com o ocorrido. A minha renda veio a se expandir por meio de muitos canais diferentes.

Um pós-escrito fascinante: alguns anos depois, a mesma companhia me ofereceu um interessante contrato editorial. No final, criamos uma associação que se revelou bastante satisfatória para ambas as partes.

Temos a tendência de caracterizar pessoas ou instituições como a fonte do nosso poder, quando elas são simplesmente os cenários de uma fonte universal. Uma antiga metáfora oriental observa que quando vemos a água da chuva brotando da abertura de uma gárgula de cimento que adorna o teto de uma construção clássica, podemos ter a impressão de que a água tem origem na gárgula. Na realidade, a água emana do céu infinito; a gárgula apenas apanha a água e a canaliza.

Quando você está maduro e pronto para um relacionamento, carro, casa, emprego, cura física ou qualquer outro passo que você deseje dar e que seja correto, a sua prosperidade pode afluir para você através de milhares de caminhos. Se você se fixar em uma dessas avenidas e exigir que o seu sucesso ocorra apenas através dela, você se posiciona para a frustração, a dor e o conflito, retardando e tolhendo as inúmeras outras maneiras pelas quais o universo pode provê-lo.

"Se você não consegue abrir uma porta por meio de uma oração, não tente abri-la à força." A partir do nível da personalidade humana ou do ego, você não é capaz de conhecer um número suficiente de variáveis a respeito de uma situação que lhe permita bancar que é Deus e fazer com que ela aconteça de uma determinada maneira. Talvez existam razões pelas quais uma das maneiras não está funcionando e outra está. Pode ser apenas uma questão do momento adequado. Você é capaz de acreditar que a vida pode ter um plano melhor para você?

Em vez de determinar o tamanho, a forma e a cor da embalagem que você está procurando, concentre-se na essência dela. Reze ou sustente uma intenção para as *qualidades* que você deseja que a posição ou o relacionamento contenha. Peça, por exemplo, um cargo estimulante, financeiramente gratificante e que desperte o seu entusiasmo, ao lado de colegas de trabalho que você aprecie e uma missão com a qual se identifique. Em seguida, deixe que a sabedoria universal atribua um nome, um local e os detalhes à resposta à sua prece. Você talvez venha a descobrir que a inteligência divina é muito mais engenhosa do que você imagina, e que as coisas estão trabalhando a seu favor mesmo, às vezes especialmente, quando você não percebe como.

EDIFICADORES DA SABEDORIA DA PROSPERIDADE

1. Você sente que depende de uma empresa específica como a fonte do seu bem-estar financeiro?

Esse relacionamento gera algum tipo de ansiedade em você?

De que outras maneiras o seu suprimento de bem-estar poderia afluir para você?

2. Você sente que depende de uma pessoa particular como a fonte do seu amor?

Esse relacionamento gera algum tipo de ansiedade em você?

De que outras maneiras o seu suprimento de amor poderia afluir para você?

3. Leia o Salmo 23 e medite sobre cada verso até se sentir seguro no centro do seu ser.

AFIRMAÇÕES:

O meu bem-estar me encontra através de muitas avenidas diferentes. Desobrigo qualquer pessoa ou empresa de ser a fonte da minha prosperidade. Permito com gratidão que o universo seja o meu provedor de maneiras inteligentes e maravilhosas.

DINHEIRO FELIZ

Caso a paz aconteça,
ela virá por intermédio do que somos, não do que temos.
— Henry Miller

No final de um seminário que apresentei, a patrocinadora sentou-se comigo para acertar as contas. Depois de recapitular os valores, ela acrescentou: "Duas pessoas me procuraram no intervalo e me disseram que não tinham gostado do programa, de modo que devolvi o dinheiro delas. Espero que você esteja de acordo. Eu só quero receber dinheiro feliz."

É claro que eu estava de acordo. Eu também valorizo o "dinheiro feliz". O dinheiro feliz é um rendimento recebido de uma pessoa que o dá de boa vontade, que dá valor aos bens ou ao serviço prestado. Ele representa uma troca positiva, e todas as partes ficam satisfeitas.

Quando você briga por causa de dinheiro, obriga alguém que não quer pagar a fazê-lo, ou não reembolsa à pessoa o dinheiro que ela pediu, você fica com o dinheiro – mas também fica com a energia sombria que cerca a interação. Uma pessoa está zangada com você e provavelmente dirá coisas pouco gentis a seu respeito e sobre o seu negócio. A interação se prolongará em um espaço emocional negativo, certamente para o cliente e provavelmente para você. Será que vale realmente a pena?

Hospedei-me em um hotel que oferece uma garantia de plena satisfação. Se você, como hóspede, não gostar da sua permanência por qualquer motivo, o hotel não lhe cobrará nada. Perguntei a uma das executivas do hotel quantas pessoas costumam se valer dessa oferta. "Menos de 1%", respondeu ela. Estou certo de que a longo prazo, o hotel está gerando uma renda muito maior através do seu compromisso com o serviço do que está perdendo com o pequeno número de restituições.

O princípio do dinheiro feliz também pode ser aplicado aos relacionamentos. Conheço uma mulher que se divorciou de um multimilionário e não pediu nada a ele quando foi embora. Ela teria tido direito a uma boa quantia se tivesse movido uma ação judicial contra ele. "Tudo o que eu queria era que o casamento acabasse e que não houvesse nada que nos mantivesse ligados um ao outro. Se eu tivesse entrado com uma ação e ganhado, e ele se visse obrigado a me pagar uma pensão, talvez com ressentimento, durante um longo período, isso teria me obrigado a manter um relacionamento com ele que seria muito desagradável para mim. Estou muito feliz agora, e satisfeita por estar dando seguimento à minha vida. Não desejo aquele casamento e não quero o dinheiro dele." Mais tarde, ela se casou de novo, e o seu novo marido prosperou imensamente. Assim sendo, ela não perdeu nada no processo.

Aplique igualmente o princípio do *dinheiro feliz* ao dinheiro que você gasta. Se você não estiver satisfeito com relação a pagar por uma coisa, explique o motivo à pessoa que estiver lhe vendendo o produto ou prestando o serviço, e diga a ela o que você está disposto a pagar e o que não está. Na maioria dos casos, você pode alcançar um meio-termo feliz que deixa ambas as partes satisfeitas. Se isso não acontecer, esforce-se simplesmente o mais que puder e continue a fazer contato com o seu sentimento de integridade. Se você estiver agindo corretamente consigo mesmo, estará agindo corretamente com o universo.

O princípio do dinheiro feliz equivale a você simplesmente dar a todas as pessoas tudo o que elas querem, mesmo que o que estejam pedindo não seja justificado? Não; existem casos nos quais a integridade requer que você diga não ou que exija o que você merece. Mantenha a interação em uma perspectiva calma e sensata, e expresse a sua verdade. Não recorra à dramaticidade e sim à razão, e acredite que a sinceridade é poderosa. Não use a interação como uma desculpa para ficar descontrolado, encarando-a, pelo contrário, como uma oportunidade de estabelecer uma relação. Mantenha o espírito em primeiro lugar, e o dinheiro cuidará de si mesmo.

Se você se encontrar numa situação na qual tenha que pagar apesar de preferir não fazê-lo, reestruture a sua experiência de maneira a se lembrar de que o universo é abundante, sempre poderá prover para você e o dinheiro provavelmente voltará por outra porta. A sua atitude com relação ao dinheiro é bem mais importante do que qualquer outra transação, e a sua riqueza é bem mais vasta.

O dinheiro feliz é um princípio orientador gratificante no desenrolar dos negócios e da amizade. Ele transforma os negócios *em* amizade. Quando estiver em dúvida, doe. Analogamente, deixe que o universo doe para você de uma maneira engenhosa e criativa. Vá além do ressentimento tanto como aquele que recebe quanto como aquele que paga, porque então a energia da força vital que chamamos de dinheiro torna-se a bênção que foi destinada a ser.

EDIFICADORES DA SABEDORIA DA PROSPERIDADE

1. Você está tentando extrair dinheiro de alguém que não está disposto a pagar?

   Qual o custo emocional, energético ou financeiro de incomodar essa pessoa?

   Por um momento, brinque com a ideia de simplesmente deixar o assunto de lado. O que você sente?

2. Você está se ressentindo de pagar alguma coisa no momento?

   O que seria preciso para que você mudasse a situação de maneira a que ela ficasse livre de ressentimentos?

3. Se você soubesse que tem acesso a um suprimento infinito de dinheiro, amor e bem-estar, você encararia e lidaria com as interações anteriores de uma maneira diferente? Qual seria essa maneira?

4. De que maneira a sua vida e o seu trabalho mudariam se você adotasse uma política monetária feliz?

AFIRMAÇÕES:

Eu dou e recebo dinheiro com alegria e apreço.
Acredito que o suprimento universal cuidará de mim
e de todas as pessoas com quem eu interagir.

TRABALHE COM OS QUE ESTÃO DISPOSTOS

Seja uma pessoa que dá tudo de si, e não alguém do contra.
— Norman Vincent Peale

Um instrutor motivacional programou um seminário de uma semana de duração para um pequeno grupo, e só havia um lugar sobrando. Duas pessoas se candidataram à vaga, cujo custo era de 2.000 dólares. Um dos candidatos era uma mulher rica que tentou pechinchar com o líder do seminário, oferecendo-lhe 1.500 dólares em vez do preço normal de 2.000. O outro era um rapaz que tinha pouco dinheiro, mas que ofereceu tudo o que podia pagar: 500 dólares.

"Qual dos alunos você aceitou?", perguntei ao instrutor.

"O rapaz", retrucou ele.

"Por quê?", perguntei.

"Ele deu tudo", respondeu o instrutor.

Quando você dá ou investe dinheiro em coisas materiais, o fator crucial não é quanto você dá e sim a energia e a intenção por trás do que você dá. Se você está fazendo uma retenção financeira ou energética, o valor do seu investimento é anulado. No seu livro esclarecedor *You Can Have It All*, Arnold Patent explica que quando retemos deliberadamente o dinheiro, estamos retendo o amor. Acreditamos que podemos manipular a outra pessoa retendo uma parte do que deveríamos dar a ela, mas a longo prazo nós perdemos porque o que quer que retenhamos, estamos deduzindo de nós mesmos. O objetivo desse ensinamento não é necessariamente que você deva doar mais dinheiro (o que pode ser bem divertido), e sim encorajá-lo a *ser inteiro* em quaisquer presentes que você dê ou investimentos que você faça.

Na história que acabo de narrar, o instrutor estava mais interessado no investimento do eu do aluno do que no investimento monetário dele. Uma pessoa que tem muito dinheiro mas doa pouco tem menos investido do que aquela que tem pouco dinheiro mas dá tudo que tem. O instrutor reconheceu que o aluno que se apresentou com o coração inteiro receberia mais para si mesmo e daria uma contribuição mais valiosa e energética para o grupo.

Quando a sua intenção é trabalhar com os que estão dispostos, a qualidade de tudo o que você faz melhora substancialmente. Por que interagir com uma pessoa que não deseja realmente estar presente? Esse princípio se aplica aos relacionamentos de negócios, ao romance e às amizades. É extremamente difícil fazer qualquer coisa com alguém que não esteja realmente presente ou cujas intenções sejam confusas. E é imensamente eficaz interagir com pessoas que estão no mesmo time e compartilham a mesma visão!

O princípio de *trabalhar com os que estão dispostos* também se aplica à sua presença. Se você participar de um negócio, relacionamento ou projeto, certifique-se de que está plenamente disposto. Se você estiver parcialmente presente, você deprecia a sua experiência e a torna mais difícil para os outros. *Faça de todo coração, ou não faça.* Você ficará impressionado com a maneira como as suas ações e os seus resultados são muito mais poderosos quando você se mantém fiel à sua intenção.

Tive um assistente cujo comprometimento com o emprego era insípido. Ben chegava tarde, arranjava motivos para se ausentar do escritório e o seu trabalho era medíocre. Mas decidi lhe dar a oportunidade de encontrar o seu caminho.

Depois de algum tempo, Ben se envolveu com uma rede de distribuição interativa com a qual estava muito entusiasmado – na verdade tão entusiasmado que se dedicava a ela durante as horas que eu lhe pagava para trabalhar no escritório. Ele dava e recebia telefonemas no seu telefone celular com muito mais entusiasmo do que lidava com os nossos telefonemas comerciais. Finalmente, eu disse a Ben: "Percebo que você tem mais entusiasmo pela sua rede de distribuição do que pelo nosso negócio. Acho que você deve ficar onde reside a sua paixão. Você merece um emprego que você ame, e nós merecemos um assistente que realmente deseje estar aqui." Eu estava sendo sincero; eu realmente queria que todo mundo estivesse no lugar ao qual pertencia. Nós nos despedimos cordialmente, o que abriu as portas para um novo assistente que realmente desejava trabalhar conosco e realizava um trabalho muito melhor.

Como somos seres espirituais, é o espírito do que fazemos que determina a gratificação que obtemos. Você pode estar fazendo tudo mecanicamente e executando todas as ações apropriadas e esperadas, mas se estiver vazio ou ausente por dentro, os seus atos pouco significam. Somente a satisfação da alma é capaz de satisfazê-lo; tudo o mais o deixará carente. O mestre espiritual Paramahansa Yogananda fez a seguinte observação: "Maneiras desprovidas de sinceridade são como uma mulher bela, porém morta." A essência é mais importante do que a aparência.

Ao avaliar o que alguém está lhe oferecendo ou dando, ou o que você está oferecendo, faça-o em função do investimento do espírito em vez do material. Um presente pouco dispendioso e pessoalmente criado com amor pode significar muito mais do que uma joia cara. Pergunte a qualquer mãe o quanto ela aprecia os desenhos que o seu filhinho fez para ela, e ela lhe dirá que eles são inestimáveis. A verdadeira joia da vida é a sua presença. Ofereça-a, e você enriquecerá todos aqueles que tocar, a começar por si mesmo.

EDIFICADORES DA SABEDORIA DA PROSPERIDADE

1. Você está fazendo alguma coisa atualmente que não seja de todo coração?

   Por que o seu espírito não está completamente presente?

   O que seria necessário para que você participasse plenamente do processo?

2. Você está trabalhando ou se relacionando com alguém no momento que não esteja totalmente presente?

   Por que você acha que essa pessoa não está presente?

   O que seria necessário para que ela estivesse presente e como você poderia apoiá-la?

3. Pense nas situações de número 1 e 2 que acabam de ser descritas e leve alguns minutos por dia visualizando cada uma delas com todos os envolvidos fazendo um investimento total. Na sua visualização, não tente obrigar a si mesmo ou outra pessoa a agir. Em vez disso, entre em sintonia com a imagem e o sentimento do resultado final, e deixe que o universo organize os métodos e os jogadores.

AFIRMAÇÃO:

Levo integralmente a minha presença a tudo que faço
e prospero com todos aqueles que toco.

DOE TUDO

*Algumas pessoas só sabem o quanto possuem
quando descobrem o quanto podem dar.*

— *Slogan do filme Gênio Indomável*

Andrew soube que tinha chegado ao limite da sua resistência quando deu consigo remexendo atrás das almofadas do sofá, esperando encontrar algumas moedas para poder comprar alguma coisa para almoçar. Havia relativamente pouco tempo, ele era um executivo de sucesso; agora, tinha uma dívida de um milhão de dólares. "Tem que haver uma maneira de eu sair dessa", disse ele aos seus botões, enquanto juntava alguns dólares e saía para comprar um sanduíche.

Quando voltava da lanchonete, Andrew foi abordado por um sem-teto. O homem parecia estar com fome e pediu alguns trocados para Andrew. O primeiro pensamento de Andrew foi: "Está brincando? Estou prestes a me tornar um sem-teto igual a você."

No entanto, em seguida, Andrew ouviu outra voz dentro dele dizer o seguinte: "Dê a ele tudo o que você tem." Essa orientação foi tão irresistível, que Andrew decidiu superar o seu medo. Enfiou a mão no bolso e deu ao desabrigado todo o trocado que lhe tinha restado, ficando completamente sem dinheiro.

Imediatamente, Andrew não se sentiu mais pobre e sim mais rico. Alguma coisa a respeito de dar tudo abriu uma porta que estava fechada quando ele vivia com medo. Ele se sentiu mais livre e mais bem disposto do que havia muito não se sentia.

Enquanto caminhava para casa, Andrew pensou em uma empresa que poderia procurar para pedir um emprego. Ele havia trabalhado no mercado de ações, e imaginou que essa companhia talvez pudesse usar os seus serviços. Telefonou para a firma e conseguiu marcar uma entrevista. O gerente decidiu correr um pequeno risco e ofereceu 1.000 dólares a Andrew para que ele pesquisasse e avaliasse uma pequena empresa na qual a firma estava pensando em investir. Andrew ficou maravilhado ao ter a oportunidade de gerar alguma renda, e aceitou de bom grado a oferta. Visitou a empresa, fundada havia pouco tempo e baseada em valores ecológicos, e chegou à conclusão de que o investimento valeria a pena. Apresentou a sua recomendação e o seu empregador concordou em levá-la adiante.

Em pouco tempo, a empresa de ecologia teve um crescimento vertiginoso e as suas ações se posicionaram entre as dez mais quentes do mercado. O empregador de Andrew estava eufórico, de modo que perguntou a ele que salário gostaria de receber para administrar permanentemente a conta. A maior quantia que Andrew conseguiu pronunciar sem engasgar foi "10.000 dólares por mês" (imaginando que se conseguisse a metade daquele valor estaria com muita sorte). Os seus chefes se reuniram para deliberar e lhe disseram que 100.000 dólares por ano era o máximo que pagariam. "Bem, acho que vou aceitar", respondeu Andrew. Ele estava de volta ao mercado.

As ações continuaram a subir vertiginosamente, e Andrew negociou uma bonificação baseada em um percentual dos lucros da empresa oriundos do investimento. Em um ano, ele recuperou o seu milhão de dólares.

Hoje Andrew é imensamente próspero. É dono de várias empresas bem-sucedidas e tem casas em três estados. O seu ponto decisivo, afirma ele, foi o momento em que decidiu dar tudo o que possuía.

Quando põe de lado os pensamentos de medo, autocomiseração e pobreza, você se torna um canal para o dinheiro, a energia e o sucesso. De repente, você tem acesso a recursos que estavam ausentes quando você enxergava as coisas através de um filtro de limitação. Quando você se concentra na falta e na pequenez, você tolhe a sua capacidade de enxergar soluções. À medida que relaxa e confia no suprimento universal, você expande a sua visão para descobrir o seu próximo passo em direção ao sucesso.

As suas ações demonstram as suas convicções. Se quiser saber em que você acredita, observe como está vivendo e se sentindo. Quando você acumula ou impede que os seus recursos circulem, isso confirma que tem à sua disposição uma quantidade limitada e que precisa se proteger da perda. Quando você permanece na corrente, expressando e compartilhando a sua riqueza – mesmo que ela pareça pequena – você confirma que existe o bastante para si mesmo e para todo mundo. A vida poderá então manifestar a sua afirmação e certamente o fará.

A grande metafísica Florence Scovel Shinn explicou o seguinte: "Toda doença é causada pela congestão, e toda cura é causada pela circulação." Esse princípio também se aplica à prosperidade. Quando a sua mente está congestionada por pensamentos de falta, resistência e luta, o dinheiro não pode vir a você ou através de você. Estimule a sua consciência doando livremente, e o universo doará livremente para você.

Dar 99% é difícil, mas dar 100% é fácil. Quanto mais você dá, mais você tem para dar.

EDIFICADORES DA SABEDORIA DA PROSPERIDADE

1. Você está se abstendo de dar (dinheiro ou qualquer outra coisa) para alguém?

    Para quem e por quê?

    De que maneira deixar de dar para essa pessoa equivale a deixar de dar para si mesmo?

2. Com quem você é mais generoso?

    Que sensação isso lhe dá e que tipos de resultados você experimenta?

3. Quem é a pessoa mais generosa que você conhece?

    O que você aprendeu com essa pessoa?

4. Se você confiasse plenamente na circulação da abundância no universo, que coisas diferentes você estaria fazendo com o seu dinheiro ou os seus recursos?

AFIRMAÇÃO:

Eu me abro para dar aos outros, e o universo se abre para dar para mim.

PAGO COM AMOR

*Escolha uma ocupação que você ame
e você nunca mais trabalhará outro dia na sua vida.*

— Confúcio

O East Maui Animal Refuge* é um santuário para animais feridos, indesejados e que não eram amados, um lar para animais que a Sociedade Humana em outras circunstâncias sacrificaria. Sempre que atravesso de carro o portão do abrigo, os meus olhos ficam cheios d'água. Um grande labrador preto e cego esfrega o focinho na minha mão, um pequeno terrier felpudo em uma cadeira de rodas provisória passa devagar por mim, um veado lambe a atadura no joelho, um coro de miados emana da casa nas árvores para gatos com AIDS felina e uma coleção heterogênea de quatrocentos pássaros, bodes, porcos, vacas e outros animais de algum modo coexistem pacificamente em um lugar sagrado.

Os diretores Sylvan e Suzie Schwab vêm administrando apenas com doações esse empreendimento, nada sofisticado, desde que fundaram o abri-

---

* Abrigo de Animais na Área Leste de Maui. Maui é a segunda maior ilha do arquipélago do Havaí. (N. da T.)

go em 1983. Eles trabalham de um modo incansável e abnegado de manhã até a noite, passando a maior parte do tempo alimentando bocas famintas, enfaixando ferimentos e ministrando medicamentos. O casal Schwab atraiu muitos voluntários dedicados ao longo do caminho. O seu trabalho é uma verdadeira obra de amor.

Na primeira vez em que visitei o abrigo, Sylvan e eu estávamos percorrendo o seu escritório, quando reparei em uma pilha alta de contas sobre a mesa. "Como vocês conseguem pagar tudo isso?", perguntei.

"Pagamos apenas o que podemos e quando podemos. As pessoas entendem o que estamos fazendo aqui", respondeu ele com um sorriso.

"E como vocês pagam o pessoal?", indaguei.

"Oh, ninguém recebe dinheiro aqui. Todo mundo é pago com amor", explicou Sylvan.

O dinheiro é apenas uma das formas de recompensar um serviço. O universo tem muitas maneiras de lhe agradecer e cuidar de você em reconhecimento das dádivas que você compartilha. Não avalie a sua retribuição apenas monetariamente. Você pode estar sendo pago de maneiras bem mais preciosas do que em dinheiro.

Muitas pessoas possuem vastas quantidades de dinheiro, mas sofrem terríveis males psicológicos e emocionais porque estão desligadas do seu espírito. *Se tudo que você está recebendo pelo seu trabalho é dinheiro, você está sendo excessivamente mal pago.* Outras pessoas ganham pouco dinheiro, ou até mesmo nenhum, mas dormem bem à noite, com o coração contente. Embora o dinheiro e a satisfação não sejam mutuamente exclusivos, a verdadeira recompensa está bem além do dinheiro.

Pense nas inúmeras maneiras pelas quais você pode estar sendo pago, ou pagando outras pessoas: trabalhar num ambiente que enriqueça a alma, desenvolver aptidões valiosas, estar na presença de um mentor respeitado, aprender lições de vida inestimáveis, descobrir mais a respeito de quem você é, criar possíveis contatos de negócios, desenvolver relacionamentos pessoais significativos, trazer mais saúde e vitalidade para o seu corpo físico, descobrir o que não é adequado para você, para que possa saber melhor o que escolher, além de muitas outras coisas.

Praticar os princípios deste livro poderá ajudá-lo a atrair mais dinheiro para as coisas que você deseja, e certamente o fará. Você merece ter todo o dinheiro que quer e precisa para satisfazer todos os desejos do seu coração; não apenas para pagar as suas contas, mas também para ter e fazer as coisas que você gosta. Não aceite menos do que isso. Durante o caminho, contudo, lembre-se de que o dinheiro nunca é o objetivo; ele é um subproduto da felicidade. A sua verdadeira meta é a satisfação da alma. Se o seu espírito estiver em paz, você atrairá tudo o que necessita. Se o seu coração não estiver satisfeito, nada que você possa atrair lhe proporcionará o que você deseja.

Conheci uma mulher tensa que lutava com muitos problemas mentais, físicos e financeiros. Um dia, ela decidiu trabalhar como voluntária ajudando bebês com AIDS. Uma vez por semana ia a um hospital e apenas abraçava e acalentava essas crianças. A sua vida logo se transformou e os seus problemas se dissiparam. Ela se transferiu de uma economia de dinheiro para uma economia de amor.

O espírito é a moeda mais forte que existe (e a única genuína). Mantenha a corrente do espírito circulando através do seu dia, e as suas necessidades serão satisfeitas. Não trabalhe apenas para viver; crie uma vida. Os princípios da prosperidade universal são simples, coerentes e estão sempre dentro da sua capacidade de usá-los em seu benefício e no dos outros. Continue a procurar uma ocupação que o pague com amor e que remunere outras pessoas com essa mesma moeda, e você nunca passará fome. E o dinheiro virá. O dinheiro certamente virá.

Depois que a repórter de uma revista fez uma entrevista com Sylvan Schwab a respeito da sua vida no East Maui Animal Refuge, ela chegou à conclusão de que ele era um santo. A repórter disse a Sylvan: "Estou certa de que você é uma pessoa que irá para o céu."

"Ir para o céu?", refletiu Sylvan. "Eu já estou nele."

EDIFICADORES DA SABEDORIA DA PROSPERIDADE

1. Você está fazendo alguma coisa apenas por dinheiro?

    Qual a sensação que isso lhe dá?

2. Descreva uma ocupação que você teve (ou que ainda tenha) na qual a sua remuneração ia além do dinheiro.

    O que você recebeu que não obtinha em serviços baseados exclusivamente no ganho financeiro?

3. Você já fez alguma coisa apenas por prazer e acabou recebendo dinheiro depois?

4. Se você fosse criar uma carreira baseada na alegria e na realização interior, como ela seria?

    Descreva o que você estaria fazendo e como estaria se sentindo.

AFIRMAÇÕES:

*O universo me paga para que eu viva a partir do meu coração.
Dou e recebo generosamente o amor, e o
dinheiro chega da maneira certa e no momento certo.*

FORA DA EQUAÇÃO

*Você deveria estar pensando na omelete,
não no preço da omelete.*

— Propaganda do Embassy Suites

Abri a carta e li o convite. *Você foi escolhido para ser um dos oradores programáticos na nossa conferência no Havaí.* "Maravilha!", gritei em alto e bom som; eu ia viajar de graça para o paraíso! Em seguida, li a segunda página: *A política da nossa conferência é que os apresentadores não recebem honorários. Eles também pagam a sua passagem, a hospedagem, as refeições e uma taxa de inscrição na conferência.*

Bem, esse não é um bom negócio, resmunguei com os meus botões. *As pessoas me remuneram bem para que eu faça isso, pagando inclusive todas as minhas despesas!* Indignado, joguei a carta na cesta de lixo e andei de um lado para o outro na sala de estar.

Confuso, decidi me sentar e meditar para poder pensar com mais clareza e acalmar as emoções. Depois de alguns minutos, relaxei e tive uma visão: vi o rosto de um yogue idoso de turbante, com a pele enrugada, uma longa barba branca e olhos cintilantes. Ele parecia estar flutuando no ar diante de mim, sorrindo suavemente como se estivesse me abençoando. Pouco depois, esqueci o meu aborrecimento e mergulhei em um estado de paz.

Saí do estado meditativo me sentindo muito melhor. A ideia de ir ao Havaí continuava a me atrair. Em seguida, lembrei-me de um ensinamento que eu ouvira. Quando estiver confuso com relação a uma decisão, retire o dinheiro da equação.

O que eu faria se o dinheiro não fosse um problema? Bem, essa era uma pergunta óbvia. É claro que eu iria. Isso definiu a questão. Seguindo puramente a minha intuição, peguei a carta do lixo e redigi a minha aceitação.

Na noite seguinte, uma amiga me convidou para comparecer a um programa que ela estaria divulgando na sua casa. Eu não sabia qual o tema do programa, mas alguma coisa dentro de mim me disse para aceitar o convite. Assim sendo, dirigi durante uma hora, em uma noite fria de inverno em Nova Jersey, para ir à casa da minha amiga. Lá chegando, conheci o apresentador, o qual, segundo fui informado, iria falar a respeito da conferência no Havaí para a qual eu fora convidado. Bingo! Quando o terceiro *slide* apareceu na tela, o meu queixo caiu quase até o chão: eu tinha diante de mim uma foto do yogue que eu vira na minha meditação. "Este é Sant Kirpal Singh", explicou o apresentador, "o fundador da Human Unity Conference." Eu certamente não precisava de mais sinais!

Na manhã em que cheguei ao Havaí, os meus anfitriões me levaram a uma praia. Admirei majestosas montanhas verdejantes que se projetavam bem acima do azul do Pacífico, senti a suave areia dourada correr por entre os meus dedos como ondas mornas que cobrissem os meus pés e contemplei tartarugas marinhas e golfinhos saltando graciosamente. A beleza, a pureza, a exuberância e força vital do cenário eram quase irresistíveis. Nunca, até então, nenhum lugar me transmitira tanta paz e me envolvera em um bem-estar tão grande. Eu não tinha a menor ideia de que esse tipo de refúgio existia. Eu estava em casa.

Dois anos depois, mudei-me para o Havaí, o que foi uma das melhores escolhas que fiz na vida. Hoje, eu me sinto muito feliz por ter seguido a minha intuição e não ter eliminado a conferência por não desejar pagar pelas minhas despesas. Coloquei a paz antes do dinheiro, o que fez toda a diferença.

Ao se ver diante de uma decisão, imagine por um momento que o dinheiro não é um fator na equação, e você enxergará com mais clareza o que deve fazer. Muitos de nós temos uma programação negativa tão grande e tantos problemas associados ao dinheiro que o elemento financeiro de uma resolução tolda a nossa decisão e ficamos confusos. Se confiássemos mais nos nossos instintos do que nos nossos receios, tomaríamos decisões mais saudáveis em sincronia com os nossos verdadeiros desejos.

É claro que poderá haver ocasiões em que o dinheiro assoma como um fator descomunal em uma decisão, e você não pode avançar com segurança com um investimento de tal monta. Esse tipo de decisão envolve a integridade, já que você precisa estar em paz com as suas escolhas. Faça simplesmente o melhor que puder com o que você tem, e continue concentrado no que desperta a sua paixão. Você poderá ficar agradavelmente surpreso ao constatar que, em uma data posterior, as suas finanças se aceleram e alcançam a sua visão, e o que um dia você acreditou ser uma ideia impraticável torna-se uma realidade.

Todas as pessoas bem-sucedidas tiveram que dar saltos de fé, às vezes na esfera financeira. Elas não esperaram ter apoio material para seguir o que as deixava felizes. Em vez de fazer as suas escolhas em função do dinheiro, elas deixaram que o dinheiro girasse em torno das suas escolhas. Quando você mantém a alegria em primeiro lugar e o dinheiro em segundo, de algum modo as finanças aparecem. Quem sabe até mesmo um yogue poderá aparecer na sua sala para lembrá-lo disso.

Confia em ti mesmo. Todo coração vibra com a corda do instrumento.

— Ralph Waldo Emerson

EDIFICADORES DA SABEDORIA DA PROSPERIDADE

1. Cite três decisões nas quais você vem pensando ou com as quais vem se debatendo.

    1.
    2.
    3.

2. O que você faria em cada uma das situações se o dinheiro não fosse um fator importante?

    1.
    2.
    3.

3. Se você tivesse um suprimento infinito de dinheiro, que coisas você estaria fazendo de um modo diferente?

4. Passe alguns minutos por dia visualizando o que você faria se o dinheiro não fosse um problema. Em seguida, observe enquanto o universo o respalda.

AFIRMAÇÕES:

A sabedoria que me orienta provê o meu sustento.
Tomo decisões a partir da orientação e sei que cuidam bem de mim.

SETE: NÃO SE DEIXE ENGANAR PELAS APARÊNCIAS

> A pessoa de visão prospera na presença de toda e qualquer circunstância.

ENGANANDO O MEDO

*Para ir a qualquer lugar no universo,
comece sabendo que você já chegou lá.*

— Richard Bach

Durante uma época de vacas magras, o meu dinheiro estava sendo usado quase que inteiramente para pagar contas, e me sobrava muito pouco para que eu pudesse me divertir. Comecei a me sentir limitado, bloqueado e frustrado por não ter dinheiro para fazer as coisas que eu realmente gostava.

Comecei a fantasiar a respeito do que eu faria com o dinheiro se o tivesse. Imediatamente um Mazda Miata me veio à mente. O Miata acabara de ser lançado, e era a mania da indústria automobilística. As pessoas estavam afluindo para os revendedores da Mazda e pagando milhares de dólares a mais do que o preço sugerido pelo fabricante pelo elegante carro esporte. Se eu tivesse o dinheiro, pensei com os meus botões, eu traria um Miata para casa.

Só de brincadeira, decidi "agir como se eu tivesse o carro". Fui até uma revendedora Mazda e entusiasticamente pedi para fazer um *test-drive* em um charmoso conversível. Pisei no acelerador quando entrei na autoestrada e deixei que o vento soprasse através do meu cabelo. Aumentei o som e senti a batida do baixo ondular pelo meu peito. Senti o cheiro do revestimento de couro e acariciei-o. Quando voltei ao *showroom*, espiei embaixo do capô e chutei ritualisticamente um dos pneus. Simulei tudo o que eu faria se realmente fosse comprar um Miata, sabendo muito bem que de jeito nenhum eu iria fazer isso naquele dia.

Saí do *showroom* sentindo-me muito animado e infinitamente mais próspero do que quando havia chegado lá. Fazer de conta que eu tinha um Miata elevou a minha disposição de ânimo e me conferiu um sentimento de possibilidade que eu não sentia havia muito tempo. O fato de eu me envolver com a experiência modificou a minha atitude; senti que caminhava na direção ascendente.

Não demorou muito para que a minha situação financeira mudasse e mais dinheiro passasse a entrar na minha vida. Comecei a conseguir fundos para fazer as coisas por prazer e, pouco a pouco, principiei a me sentir melhor e a agir como se fosse mais rico. Mas acabei não comprando um Miata. Em vez disso, passei certo dia por uma revendedora Mazda e vi de longe um conversível RX-7 vermelho vivo – o máximo da linha de carros esporte da Mazda, bem mais luxuoso do que o Miata. Entrei no *showroom* e me apaixonei imediatamente pelo carro. Embora o RX-7 custasse mais do que eu tinha a intenção de gastar, fiquei entusiasmado. Fechei o negócio na hora e aproveitei o carro durante muitos anos.

Fazendo uma análise retrospectiva, percebo que o meu ponto de virada financeira teve lugar no dia em que fiz o *test-drive* no Miata. Quando vivi a experiência de ser abastado, mesmo que momentaneamente, o universo me enviou mais abundância. À medida que a minha atitude foi se modificando, o mesmo aconteceu com as minhas finanças.

Quase todas as pessoas acreditam que se ao menos pudessem se tornar mais prósperas, elas se sentiriam mais prósperas. E isso de fato é verdade. Entretanto, elas não percebem que se conseguissem *se sentir* mais prósperas, elas *se tornariam* mais prósperas. (Se você quiser fazer uma análise profunda da Lei da Reversibilidade, examine os textos de Neville Goddard, cujo pseudônimo é apenas Neville.)

Você não vai conseguir atrair a riqueza se estiver se sentindo pobre e agindo como tal. Do mesmo modo, você não pode ser pobre se se sentir rico. Estimule a prosperidade falando e agindo como se você já possuísse o que deseja, ou como se tivesse os recursos para isso. Se você conseguir gozar de antemão a posse do que você quer e penetrar na experiência como se ela já fosse real, você estará bem adiantado no caminho de possuir o que almeja.

Brincar na sua esfera ideal faz com que você passe a viver nela mais rápido. Coloque-se mental, emocional e/ou fisicamente no mundo que você deseja. Não espere que as coisas aconteçam para você; você acontece para elas. Matricule-se em um curso noturno de fotografia, escreva pedindo prospectos das férias dos seus sonhos, ofereça-se como assistente voluntário em um estúdio de gravação, convide para sair uma pessoa que você ache atraente. Uma meta que antes lhe parecia completamente inatingível agora parece possível, até mesmo ao seu alcance.

Não preste muita atenção nem forneça energia à situação da qual você está tentando se distanciar. Quanto mais você pensar e falar a respeito da circunstância que você não quer, mais concreta ela parecerá para você, mais evidências você encontrará para permanecer nela e mais opiniões conseguirá reunir para corroborá-la. Em vez disso, fale a respeito de circunstâncias nas quais você desejaria estar, do motivo pelo qual você gostaria de estar nelas, de por que você as merece e do que você sentiria se elas fossem a sua realidade. *O seu ponto de atenção é o seu ponto de atração.* Quando você lança os seus pensamentos e sentimentos em uma direção ascendente, o seu ponto de atração se torna o seu sonho, não o seu pesadelo.

Você só é pobre se achar que é. E se você se sente pobre, pode descobrir maneiras de se sentir rico. E se você se sente rico, você é rico. E se você for rico, o universo encontrará maneiras de provar que você está certo.

Eis tudo o que é necessário para romper o fascínio da inércia e da frustração: Aja como se fracassar fosse impossível.

— Dorothea Brande

EDIFICADORES DA SABEDORIA DA PROSPERIDADE

1. Mencione três coisas que você faria se soubesse que não poderia falhar.

   1.
   2.
   3.

2. Cite três coisas que gostaria de comprar mas acha que não poderia se dar ao luxo de fazê-lo no momento.

   1.
   2.
   3.

Em seguida, telefone para um profissional de vendas e aja como se você estivesse seriamente pensando em comprá-las.

3. Quanto tempo e energia você gasta falando a respeito de como as coisas não estão dando certo ou de como você está obtendo o que não deseja?

Exercício: Sempre que você começar a notar ou se queixar de algo que não deseja, passe imediatamente a falar a respeito do que você quer.

AFIRMAÇÕES:

Sinto, falo, me divirto e vivo
no mundo que desejo que seja meu.
Dentro de mim, já tenho o que quero.

AS PROBABILIDADES SE EQUILIBRAM

O que você poderia não aceitar se soubesse que todas as coisas são planejadas por Aquele que tem em mente o que é melhor para você?

— Um Curso em Milagres

Depois de passar cinco anos emocionantes com o meu conversível Mazda RX-7, cheguei à conclusão de que estava na hora de vender o carro. Coloquei um anúncio no jornal e, no dia seguinte, recebi um telefonema de uma mulher interessada. Marcamos um encontro no dia seguinte, à tarde, no estacionamento de um restaurante da vizinhança.

Dei uma geral caprichada no carro, limpando-o por dentro e por fora, e me dirigi orgulhoso para o encontro no meu imaculado e lustroso carro. A caminho do restaurante, olhei para o ponteiro do medidor de combustível e notei que o ponteiro estava descendo rapidamente. Isso não podia estar acontecendo! O RX-7 tinha apresentado um desempenho proeminente durante cinco anos, e exatamente no dia em que eu pretendia vendê-lo, o sistema elétrico do carro estava pifando. A pane do motor era iminente, e rezei para que eu pelo menos conseguisse chegar ao restaurante.

Dirigi com dificuldade até avistar o estabelecimento, poucos segundos antes que o motor pifasse de vez. Depois, o inacreditável aconteceu: o carro morreu no momento em que entrei no estacionamento, e eu literalmente deslizei com o restante do impulso para uma vaga ao lado do lugar onde a minha possível compradora estava esperando. Qual a probabilidade de isso acontecer? Se o carro tivesse morrido um minuto antes, eu não teria conseguido chegar lá. Um minuto depois, o carro teria pifado durante o *test-drive*.

A mulher estava andando de um lado para o outro, furiosa. Como o relógio do carro tinha ficado mais lento por causa do problema, eu estava vinte minutos atrasado, e ela ia chegar atrasada ao trabalho. "Bem, posso levar o carro para um *test-drive*?", perguntou a mulher, em um tom de voz irritado.

Engoli em seco. Eu gostaria de ter alguma coisa inteligente para dizer, até mesmo uma mentira satisfatória. No entanto, tudo o que pude oferecer foi a verdade nua e crua. "Detesto lhe dizer isto, mas o carro acaba de morrer", declarei timidamente.

"O carro *morreu*? Mas você acaba de colocá-lo nesta vaga!"

"Eu sei disso. Mas o motor pifou alguns segundos antes de eu chegar aqui. Sei que parece incrível, mas é a mais pura verdade. Alguma coisa está errada com o sistema elétrico."

A mulher arregalou os olhos e resmungou: "Bem, telefone para mim depois que mandar consertá-lo!", voando em seguida para dentro do seu carro e partindo a toda velocidade.

O que tinha acabado de acontecer era estranho demais para ser verdade. O universo tem um senso de humor muito esquisito.

Telefonei pedindo um reboque, e logo o meu belo conversível, que eu mandara limpar com tanto capricho, estava pendurado em um gancho e sendo arrastado pela estrada como uma carcaça. Enquanto nos dirigíamos à oficina, fui dizendo a mim mesmo que aquilo era apenas um contratempo momentâneo. O carro seria consertado e alguém o compraria por um preço razoável. Talvez, apesar das aparências, a ordem divina ainda estivesse em ação. Essa ideia fez com que eu me sentisse melhor.

Por sorte, o problema era apenas uma correia partida, que foi rapidamente consertada. No dia seguinte, parti para uma viagem de três semanas, deixando o Mazda na minha garagem. Quando voltei, decidi telefonar para a mulher que fora se encontrar comigo no estacionamento, pensando na remota possibilidade de ela ainda estar interessada. "Você ainda que dar uma olhada no carro?", perguntei.

"Acho que sim", respondeu ela. "Enquanto você estava fora, examinei dois outros carros, mas não gostei do desempenho deles no *test-drive*. Não é estranho? Talvez haja uma razão para isso."

Dessa vez, a apresentação correu às mil maravilhas, a mulher adorou o carro e fizemos uma transação com o preço que eu queria. Ela ficou empolgada com o RX-7, e eu, encantado por vendê-lo. No dia em que fiz a transferência do carro para ela, deixei uma rosa no volante junto com um cartão, desejando-lhe felicidades. Um mês depois, recebi um cartão atencioso, no qual ela me dizia que estava muito feliz com o novo carro.

Sempre existe alguém que deseja comprar o que você quer vender. E sempre existe alguém que precisa vender o que você quer comprar. O universo funciona em perfeito equilíbrio e sincronia. Não se deixe desconcertar por aborrecimentos momentâneos. Pequenos e grandes problemas podem surgir durante as suas transações, mas se você sustentar a visão e se lembrar da realidade mais ampla, no final tudo se resolverá. Assim é a ordem divina.

EDIFICADORES DA SABEDORIA DA PROSPERIDADE

1. Você consegue se lembrar de alguma transação que pareceu ser coordenada por um poder superior que estava atuando nos bastidores? Qual a lição que você extraiu dessa experiência?

2. Você está querendo vender alguma coisa, arranjar um emprego ou encontrar um parceiro, e as coisas não estão acontecendo com a rapidez que você gostaria ou da maneira como você esperava?

De que maneira a ordem divina pode estar funcionando, apesar das aparências?

3. Você provavelmente já ouviu a frase: "Quando o discípulo está pronto, o mestre aparece." De que jeito o mesmo princípio poderia se aplicar a transações de negócios e a todos os relacionamentos?

AFIRMAÇÕES:

Coloco as minhas necessidades nas mãos do universo, certo de que a ação correta está providenciando tudo. A ordem divina está em ação, não importam as aparências.

QUE AQUELE QUE MENOS TEME ASSUMA O COMANDO

O medo bateu à porta. A fé atendeu. Não havia ninguém lá.

— Anônimo

A minha primeira excursão com a minha parceira, Dee, ocorreu durante um seminário em um cruzeiro através da espetacular passagem interior para o Alasca. Na viagem de volta para casa, a nossa última parada em território americano foi a cidade de Ketchikan. Chegando lá, decidi despachar para casa, pelo correio, várias caixas de livros que haviam sobrado do nosso estoque de vendas; despachar os livros nos pouparia o trabalho de arrastá-los em vários portos e aeroportos. Dee gentilmente se ofereceu para me ajudar a retirar as poucas caixas do navio.

Quando nos aproximamos da prancha de desembarque, um funcionário do navio nos informou que não tínhamos permissão para retirar nenhuma bagagem do navio. Ele mencionou um regulamento que se refere ao fato de termos viajado em águas internacionais e *blábláblá*. O que ele disse não fez o menor sentido para mim, já que eu era um cidadão americano que estaria enviando pertences seguros para mim mesmo nos Estados Unidos. Entretanto, os meus argumentos não funcionaram, e comecei a ficar zangado. Exigi conversar com o supervisor do funcionário, que apareceu imediatamente.

Depois de ouvir o que eu tinha a dizer, o supervisor foi até o seu escritório e voltou com a notícia de que havia telefonado para agentes da alfândega dos Estados Unidos, que iriam nos encontrar no porto e nos conduzir ao seu escritório para que preenchêssemos os formulários necessários. Isso me pareceu ainda mais ridículo, e os meus protestos se tornaram mais veementes. Nesse momento, Dee me levou para o lado e sussurrou. "Vamos ouvir o que o cara tem a dizer e depois iremos para o porto." Embora eu estivesse irritado, alguma coisa dentro de mim me disse para seguir a sugestão dela. Eu disse ao supervisor que concordava, e ele mandou que um funcionário abrisse o portão para que pudéssemos passar.

Quando chegamos à plataforma de desembarque, eu ainda estava aborrecido e resmungando. "Continue andando", me disse Dee.

"E os agentes da alfândega?", perguntei.

"Garanto que nenhum agente da alfândega virá ao nosso encontro", respondeu Dee, confiante. "Trabalhei durante muitos anos na indústria hoteleira, e existem maneiras de os supervisores lidarem com regras inadequadas que possibilitam que eles, os seus funcionários e os clientes salvem as aparências. Você acaba de presenciar um exemplo magistral disso."

Coçando a cabeça, olhei em volta e não vi nenhum agente. Torcendo para que Dee estivesse certa, nós nos dirigimos à agência dos correios, despachamos as caixas e voltamos para o navio, ainda sem avistar nenhum agente da alfândega. Dee avaliara corretamente a situação, e a nossa missão fora cumprida.

Aprendi naquele dia uma lição importantíssima que fará uma enorme diferença na sua vida se você praticá-la: *Que aquele que menos teme assuma o comando.* Como Dee estava com a cabeça mais fria a respeito da situação, ela estava em melhor posição para intuir o nosso caminho em direção ao sucesso. Se tivesse cabido a mim decidir o que fazer, eu poderia ter continuado a discutir com a equipe do navio sem chegar a nenhum resultado. No entanto, como Dee estava menos perturbada pelo medo, estava mais qualificada para liderar naquele momento.

Em qualquer parceria, negócio, equipe ou relacionamento, aquele que sente menos medo é o mais qualificado para assumir a liderança. A pessoa que está zangada, irritada ou desligada do seu sentimento de bem-estar encontra-se na posição menos eficaz para produzir um resultado positivo. A pessoa que está mais relaxada, de cabeça fresca e que detém a visão mais elevada de possibilidades é a que deve liderar e representar a parceria ou a empresa. Em outras ocasiões os papéis podem se inverter, e o outro parceiro ou outro membro da equipe poderá reunir a força ou a confiança necessária; nesse caso, essa pessoa será o líder mais eficaz.

Você também pode aplicar esse princípio às escolhas interiores. Conheci a ministra de uma igreja que acabara de assumir o cargo. O seu primeiro ato na nova função foi se sentar com vários membros do conselho e examinar os estatutos da igreja. Ela determinou que a missão dos membros seria remover todo e qualquer elemento dos estatutos que fossem motivados pelo medo e pela desconfiança, deixando apenas os elementos motivados por uma visão positiva e pelo fortalecimento. Com o tempo, a comissão acabou reduzindo para dezoito as quarenta páginas dos regulamentos. As 22 páginas que foram retiradas eram motivadas pelo medo e totalmente desnecessárias. Os regulamentos que permaneceram eram inspiradores e estavam em harmonia com os verdadeiros ensinamentos da igreja da ministra. Nesse caso, as páginas que menos continham medo eram as dezoito saudáveis.

Enquanto um dos parceiros ou membros da equipe permanecer centrado em qualquer ocasião considerada, você estará em segurança. Você só estará em perigo quando vocês dois ou todos vocês perderem a tranquilidade. *Um Curso em Milagres* nos diz que tudo o que é exigido em um relacionamento é que uma das pessoas permaneça lúcida em qualquer momento considerado. A lucidez ou a objetividade de uma pessoa pode conduzir a ambos ou todos vocês para fora de uma tempestade.

Quando dou palestras em certas instituições de desenvolvimento pessoal, uma pessoa recebe a incumbência de "manter o espaço" do seminário. Essa pessoa fica sentada em silêncio em um canto da sala do encontro e medita ou reza pelo sucesso do programa. Enquanto outras pessoas estão rindo, chorando, alegres ou aborrecidas, esta só tem uma função: ficar em paz. Essa pessoa, embora frequentemente desconhecida e não notada pela maioria dos participantes, oferece uma importante contribuição para o evento.

Um de vocês, ou uma parte sua, não está com medo. Deixem que essa pessoa destemida seja o líder, e todos permanecerão em segurança e serão bem-sucedidos.

EDIFICADORES DA SABEDORIA DA PROSPERIDADE

1. Pense em uma escolha, encruzilhada ou resposta necessária para o seu relacionamento, negócio ou equipe.

   Que pessoas estão mais receosas ou irritadas?

   Que pessoas estão mais relaxadas ou confiantes?

   De que maneira os que têm menos medo podem estar em melhor posição de fazer uma escolha saudável?

2. Pense em uma escolha, encruzilhada ou resposta exigida de você como pessoa.

   Que parte de você ou voz dentro de você está com mais medo ou irritada?

   Que parte de você ou voz dentro de você está mais relaxada e confiante?

   De que maneira a voz ou a sua parte menos temerosa poderia estar em melhor posição de fazer uma escolha saudável?

3. Recapitule as suas escolhas passadas que foram impulsionadas pelo medo. Qual foi o resultado delas?

4. Reveja as suas escolhas passadas que foram estimuladas pela paz. Qual foi o resultado delas?

AFIRMAÇÃO:

Deixo que a fé siga na liderança. A lucidez é o meu guia.

A SABEDORIA DA ESPERA

*Saber o que você prefere em vez de humildemente dizer "Amém"
ao que o mundo lhe diz que você deve preferir,
significa que você manteve a sua alma viva.*

— Robert Louis Stevenson

Durante a diminuição da oferta de gasolina na década de 70, saí para comprar um carro novo. Visitei uma revendedora Honda na minha cidade e examinei o novo Civic, que alardeava uma extraordinária economia de combustível. Depois de inspecionar o carro, eu disse ao vendedor que precisava de um pouco mais de tempo para pensar sobre o carro e dar uma olhada no preço em outros lugares.

"Você não pode se dar a esse luxo", advertiu-me o vendedor em um tom de voz fatídico. "Esta noite, o Presidente Carter vai falar na televisão e anunciar um racionamento de gasolina. Amanhã de manhã, haverá uma longa fila de pessoas disputando este carro, e só Deus sabe quanto ele irá custar."

Um calafrio de pânico percorreu o meu corpo. Talvez eu devesse comprar o carro naquela hora, pensei, antes que as hordas vorazes o devorassem.

Mas algo dentro de mim me disse: *"Não se deixe intimidar pelo medo."* Essa voz me pareceu mais real e confortante do que o guincho estridente do desespero. Eu disse ao vendedor que iria correr o risco, e calmamente me retirei do *showroom*.

Naquela noite, o Presidente Carter anunciou o racionamento de gasolina, e eu continuei a pensar e a pesquisar os preços. Uma semana depois, decidi comprar o Honda, e voltei à revendedora. Chegando lá, encontrei o mesmo carro que eu examinara antes, que ainda estava no piso do *showroom* – pelo mesmo preço da semana anterior. As hordas não tinham devastado o local, e a minha lucidez predominou.

Quando saí da revendedora dirigindo o carro, a minha satisfação era duplamente agradável: uma vez por eu ter encontrado o carro que eu realmente queria, e a segunda por eu ter agido em função da fé e não do medo.

Nunca compre uma mercadoria, feche um negócio ou forme um relacionamento por estar sendo pressionado ou intimidado. O pânico é a motivação menos saudável para tomar uma decisão. Você provavelmente se arrependerá de qualquer ato que praticar sob pressão.

Ao se ver coagido a comprar ou assinar alguma coisa, respire profundamente e dê um passo atrás. Diga ao vendedor que você precisa de algum tempo para refletir sobre a decisão que irá tomar. O profissional de vendas íntegro entenderá as suas razões e até mesmo o encorajará a pensar no assunto. O vendedor que se apoia numa tática de pressão intensa está agitando uma bandeira vermelha para que você *não* feche o negócio.

As indústrias da mídia e de marketing empregam um vasto repertório de táticas de medo que tiram proveito da falta de informação do público a fim de pressionar as pessoas a comprar. *Telefone agora enquanto duram os nossos estoques; Não seja o último no seu quarteirão a...; O desconto só vale até a meia-noite de hoje; Não estão construindo mais imóveis; Você não pode se dar ao luxo de não fazer isso.* Vendedores ambulantes sofisticados poderão citar ainda estatísticas sombrias ou impressionantes para assustá-lo e levá-lo a entregar o seu dinheiro a eles.

Quando você não tiver certeza se deve fazer uma compra ou tomar uma atitude, espere até ter certeza. Se você vir um artigo que talvez deseje comprar, mas tiver dúvidas, não compre nesse momento. Vá embora e verifique se continua a pensar no objeto. Se isso acontecer, você tem uma boa indicação para voltar e adquiri-lo. Se você não pensar mais nele, você tem a sua resposta. *Se não for "Claro que sim!", será "Claro que não!"*

Em determinadas ocasiões, você poderá se ver diante de situações que requerem, de um modo razoável, que você tome uma decisão até uma certa data ou prazo final. Ou então você poderá se encontrar em um mercado ou situação que está avançando rapidamente e o artigo que está diante de você poderá não estar mais disponível no dia seguinte. Nesses momentos, peça orientação ao seu guia interior, reze pedindo para agir de uma maneira eficiente, fique atento a sinais e depois faça o que sentir que é melhor. Se a sua energia predominante for "sim!" e você for capaz de seguir adiante a partir de uma plataforma de alegria, e não de medo, você se encontra em uma boa posição para escolher bem. Em seguida, avance confiante e espere resultados positivos.

Considere também que, frequentemente, existe mais de um caminho certo em direção à sua meta; qualquer uma das várias abordagens diferentes poderá funcionar igualmente bem. A única coisa que é mais importante do que as escolhas que você faz é o motivo pelo qual as faz. Quando o medo é o seu guia, nenhuma escolha tem valor. Quando a paz e a tranquilidade estão na essência da sua escolha, cada passo irá abençoá-lo.

O pânico nunca é um guia saudável para uma decisão imediata ou a longo prazo. Timóteo nos diz na Bíblia: *"Deus não nos concedeu o espírito do medo e sim do poder, do amor e de uma alma lúcida."* A sua alma lúcida está sempre disponível para você e sistematicamente o recompensará por reconhecer que o que verdadeiramente lhe pertence precisa vir ao seu encontro da maneira certa e no momento correto.

EDIFICADORES DA SABEDORIA DA PROSPERIDADE

1. Alguém o está pressionando para que tome uma decisão?

    Como você se sente sob pressão?

    Você se sente obrigado a agir antes do que gostaria?

    De que maneira diferente você agiria se tivesse menos medo e mais fé?

2. Você está pressionando alguém a tomar uma decisão?

    Por que você deseja forçar a questão?

    De que maneira diferente você agiria se tivesse menos medo e mais fé?

3. Reflita sobre alguma decisão passada que você tenha tomado sob pressão.

    Quais foram os resultados?

4. Reflita a respeito de alguma decisão passada que você tenha tomado a partir de uma base de relaxamento e lucidez.

    Quais foram os resultados?

AFIRMAÇÕES:

Escolho a partir da força e da lucidez.
Existe um momento certo para tudo,
e o que é meu virá para mim.

O ESCRITÓRIO DO HOMEM DE VISÃO

Qualquer pessoa consegue contar o número de sementes em uma maçã, mas somente Deus é capaz de contar o número de maçãs em uma semente.

— Fonte desconhecida

Enquanto eu almoçava com o dr. Frank Richelieu, ministro de uma igreja grande e bem-sucedida em Redondo Beach, Califórnia, perguntei-lhe como iniciara a sua carreira.

O dr. Richelieu sorriu e me contou esta fascinante história: "Quando comecei, eu não tinha nada, ou seja, não tinha prédio, escritório, congregação ou dinheiro. Escolhi então uma cabine telefônica e copiei o número do telefone. Mandei imprimir cartões de visita com esse número como sendo o do escritório da igreja, e informei nos cartões que o expediente era das 10:00 às 14:00. Todos os dias nesse horário eu ficava na cabine dando e recebendo telefonemas. Eu até aconselhava as pessoas pelo telefone do meu 'escritório'. Depois, aluguei um pequeno local para os cultos dominicais e, com o tempo, a nossa congregação cresceu."

Dei uma olhada no majestoso santuário com capacidade para mil pessoas sentadas. Esse ministério altamente respeitado enriqueceu a vida de centenas de milhares de pessoas durante muitos anos. E tudo começou com uma cabine telefônica – e uma visão.

Um jovem que queria produzir filmes participou de um *tour* guiado da Universal Studios. Na primeira oportunidade que surgiu, ele escapuliu do trenzinho e perambulou pelo local até encontrar um escritório vazio. Colocou o seu nome no catálogo telefônico no prédio e fez amizade com o pessoal do complexo. Com o tempo, encontrou um editor que concordou em fazer uma análise crítica de um filme rudimentar que ele fizera na adolescência. O editor gostou do filme e apresentou o rapaz aos executivos do estúdio, que decidiram dar a ele a oportunidade de dirigir um filme. O nome desse rapaz era Steven Spielberg.

Todas as grandes realizações começam com uma visão maior do que a aparência imediata. Nunca use o que aconteceu, ou o que está diante de você, como uma indicação do que poderá vir a existir. O que está dentro de você é mais real, mais vivo e mais valioso do que qualquer coisa que o mundo exterior possa lhe mostrar.

A maioria das pessoas aceita os limites que lhe são determinados pelos seus antepassados ou figuras de autoridade sem questioná-los ou testá-los. O mundo parece real, sólido e assustador porque muitas pessoas concordam em que isso é verdade. No entanto, não é. Grandes agentes de mudanças no mundo se estendem além do que é reconhecido para forçar o limite do possível. A envergadura de um Boeing 747, por exemplo, é mais larga do que a extensão de todo o primeiro voo dos irmãos Wright em Kitty Hawk. Se os irmãos Wright acreditassem que "se o homem estivesse destinado a voar, ele teria nascido com asas", poderíamos hoje ainda estar usando apenas o transporte pela superfície. Tampouco você está limitado pelo que qualquer pessoa possa ter feito antes de você.

As condições podem influenciar a consciência, mas a consciência cria as condições. As suas ideias são fortes eletroímãs que atraem circunstâncias equivalentes. Não espere que as condições sejam adequadas para você fazer o que deseja fazer. Faça o que é capaz de imaginar na sua mente, e a vida imitará a sua arte interior.

Durante o dramático sétimo jogo da temporada de 2002 da World Series* entre os Anaheim Angels e os New York Yankees, Angel Scott Speizio teve um desempenho magnífico. Quando ele subiu na base para fazer uma rebatida, o locutor esportivo explicou que quando Speizio era criança, o seu pai costumava lançar a bola para ele, dizendo: "Imagine que você está agora rebatendo no sétimo jogo da World Series." Mal sabiam Scott ou o seu pai naquela época que um dia ele iria realmente jogar na final da World Series. Continue a visualizar a sua grande rebatida, e você talvez tenha a grande chance de efetivamente fazê-la.

Leonardo da Vinci, o gênio artístico e científico, fez um esboço do helicóptero e do submarino há mais de quatrocentos anos. Será que da Vinci teve acesso a uma visão profética? Ou a sua ideia estava simplesmente à frente do seu tempo? Na realidade isso não importa. O que importa é que ele tinha as antenas ligadas para possibilidades maiores do que as conhecidas, e assim vivia na vanguarda do destino humano, ajudando-o a avançar.

O momento atual no planeta requer pensadores de visão abrangente e pessoas capazes de arremessar no futuro flechas de pensamento concentrado. Esse processo atinge o auge do seu poder quando atinge o grau máximo de divertimento. Acredite que as suas ideias mais prazerosas foram plantadas em você por uma sabedoria além do óbvio. Você pode então deixar de ser uma pessoa reativa e tornar-se um criador. E não existe alegria maior do que ver aquilo que poderia existir como já existente.

---

* Jogos de beisebol realizados anualmente nos Estados Unidos entre os vencedores da American League e da National League. (N. da T.)

EDIFICADORES DA SABEDORIA DA PROSPERIDADE

1. Você está esperando para agir motivado por algum(ns) sonho(s)? Qual(quais) é(são) ele(s)?

O que você pode fazer hoje para tornar o(s) seu(s) sonho(s) realidade?

2. Qual a pessoa criativa que você mais admira?

Procure livros, artigos de revistas ou entrevistas que descrevam a carreira dessa pessoa e verifique o que pode aprender com ela.

3. Você cria pelo mero prazer de criar, ou está em busca de uma resposta específica?

Qual a sensação de agir por puro prazer em vez de para tentar encontrar uma resposta?

AFIRMAÇÕES:

Penso, sinto, falo e ajo como se as minhas visões e talentos fossem mudar o mundo. É exatamente isso que irá acontecer. Estou aqui para receber uma vigorosa resposta.

OITO: TIRE PROVEITO DA ADVERSIDADE

> Reestruture-se até se fortalecer.

SINAIS DE FUMAÇA

Os homens alcançam o sucesso quando compreendem que os seus fracassos são a preparação para as suas vitórias.
— Ralph Waldo Emerson

O sobrevivente de um naufrágio em uma ilha deserta conseguiu construir uma casa tosca, na qual colocou os seus poucos pertences. Todos os dias ele rezava pedindo para ser resgatado e ansiosamente perscrutava o horizonte em busca de um navio.

Certo dia, enquanto o homem estava preparando o café da manhã na sua cabana, ele avistou, bem ao longe, o contorno de um transatlântico a vapor cruzando o mar aberto. O náufrago correu imediatamente em direção à praia e começou a saltar freneticamente para cima e para baixo, balançando os braços e gritando com todas as suas forças. Lamentavelmente, o navio prosseguiu no seu curso sem fazer nenhum movimento na direção do náufrago.

Desalentado e abatido, o homem voltou para a cabana e descobriu que ela pegara fogo. O homem se sentou em uma pedra e chorou; sem dúvida esse era o pior dia da sua vida. Naquela noite, ele adormeceu deprimido e desanimado.

Pela manhã, o homem foi acordado pela pressão firme de uma mão no seu ombro. Abriu os olhos e viu o capitão do navio e uma pequena tripulação. A sua euforia foi indescritível! "Como vocês souberam que eu estava aqui?", perguntou o náufrago.

"Vimos o seu sinal de fumaça", respondeu o capitão.

O plano que visa ao nosso bem é maior que aquele que os nossos olhos conseguem enxergar. Em qualquer momento considerado, não sabemos como qualquer acontecimento isolado se encaixa na realidade mais ampla da nossa vida. Às vezes, o que parece ser uma tragédia revela-se um passo essencial em direção a uma transformação na vida bem mais maravilhosa e significativa do que aquilo que perdemos. Com frequência uma perda óbvia acaba sendo um ganho intrínseco.

Uma pesquisa de opinião realizada pela Gallup perguntou às pessoas qual a pior coisa que já lhes tinha acontecido. Em seguida, os entrevistadores perguntaram ao mesmo grupo qual a melhor coisa que já lhes tinha acontecido. Os entrevistadores descobriram uma correlação de 80% entre a pior coisa que acontecera e a melhor. O que tivera início como a mais terrível experiência para a maioria dessas pessoas acabou revelando-se a mais admirável. Quando uma energia intensa se põe em movimento e você resiste a ela, a experiência é terrível. Se você deixar que ela o eleve a uma liberdade maior, ela se torna admirável.

Frequentemente um contratempo físico, financeiro ou pertinente a um relacionamento representa o início de uma correção de rumo significativa. O *contratempo* era na verdade uma *preparação*. Um aparente fracasso torna-se um degrau em direção a uma nova meta muito mais gratificante do que a original. Muitas pessoas que perdem o emprego, se divorciam ou enfrentam uma crise por causa de uma doença se sentem motivadas a fazer coisas que jamais teriam feito se tivessem simplesmente continuado a levar o seu antigo estilo de vida. Muitas pessoas se conformam com um trabalho ou relacionamento insípidos, monótonos e insatisfatórios, sem perceber o quanto são infelizes, até que são sacudidas por algum acontecimento inesperado. Esses choques são a maneira de o universo despertá-las para uma vida mais gratificante.

Conheci uma mulher que me contou que despertou de uma maneira drástica. Quando trabalhava como técnica hospitalar, ela machucou a mão e precisou deixar o emprego. Ficou sem trabalhar durante um longo tempo e precisou se reorganizar para criar um novo meio de vida.

"Você me descreveu a parte drástica", comentei. "E o que tem a dizer sobre o despertar?"

Sorrindo, ela respondeu. "A verdade é que eu não gostava realmente do meu emprego no hospital. Eu estava sempre de plantão e, com frequência, quando eu estava a caminho de casa depois de um longo dia de trabalho, o meu bipe tocava e eu tinha que voltar ao trabalho. Eu pensava muito em pedir demissão, mas tinha medo de fazê-lo. Depois, quando fui obrigada a parar de trabalhar, decidi voltar a estudar e escolhi psicologia, o que eu achava muito mais interessante. Consegui reconstruir o meu relacionamento com os meus filhos. A lesão me ajudou bem mais do que me prejudicou. Acho que eu não tinha coragem de fazer o que eu realmente queria, de modo que o universo me deu uma mãozinha."

O universo também está lhe dando uma mãozinha; se você olhar além do óbvio, avistará tesouros invisíveis a olho nu. Quando uma aparente fatalidade tiver lugar, procure a presença da voz do amor. Se você tiver um penoso padrão nas suas finanças, nos seus relacionamentos ou na sua saúde, pergunte aos seus botões para o que essa experiência periódica pode estar querendo chamar a sua atenção. Não se apresse em interpretar a sua posição como sendo indefesa ou de vítima, ou ainda de punição. Pelo contrário, a experiência ou padrão está tentando guiá-lo em direção a um maior poder, domínio e perdão de si mesmo. Seja gentil consigo mesmo e descubra as razões pelas quais o universo deseja amá-lo.

Os grandes poetas místicos como Rumi e Hafiz tinham um contínuo e arrebatador caso de amor com a vida. Hafiz exclamou: "Tudo não passa de uma conquista amorosa e eu nunca perco." Descubra o amor exatamente onde você se encontra, e você tampouco sairá perdendo.

EDIFICADORES DA SABEDORIA DA PROSPERIDADE

1. Você teve recentemente algum contratempo?

    De que maneira essa experiência poderia ser uma preparação para um importante despertar ou uma grande melhora na sua vida?

2. Você já teve algum despertar violento?

    Que parte foi violenta?

    Que parte se refere ao despertar?

3. Como a pior coisa que já lhe aconteceu poderia se tornar a melhor de todas?

AFIRMAÇÕES:

O meu bem-estar está se expandindo, estou aberto a reconhecê-lo.
Encontro a dádiva em cada experiência.

FAÇA AS CONTAS

*Mas na lama e na escória das coisas,
algo sempre canta sem cessar.*

— Ralph Waldo Emerson

Depois de descontar um cheque de 500 dólares, fui para a minha praia favorita, deixei a carteira no porta-luvas do carro e fui nadar um pouco. Quando voltei, descobri que alguém havia arrombado o meu carro e roubado a carteira com o dinheiro. Eu estivera várias vezes naquela praia e sabia que o local era seguro. Além disso, raramente eu tinha comigo tanto dinheiro. Parecia que os piores elementos possíveis haviam se reunido para agir contra mim. Por que fui roubado exatamente naquele dia, em um intervalo de tempo tão curto?

Durante várias horas fiquei matutando a respeito da perda, tentando descobrir como eu teria atraído essa experiência ou como poderia reconciliar-me com ela. Examinei o ocorrido a partir de muitos ângulos diferentes, e no entanto ainda me senti prejudicado e transtornado. Em seguida, percebi que eu estava perdendo a minha paz – uma perda que valia bem mais do que 500 dólares.

Finalmente, encontrei um outro referencial que me trouxe alívio: lembrei-me que vivo em um universo abundante. Sempre tive dinheiro suficiente para as coisas de que eu precisava nos inúmeros altos e baixos da minha vida. O universo havia me sustentado sistematicamente e continuaria a fazê-lo. Calculei que, com o tempo, essa perda não faria uma grande diferença; provavelmente numa época no futuro o acontecimento deixaria de ter qualquer importância. Essa linha de raciocínio ajudou-me a abandonar a minha preocupação e me senti mais leve e mais livre.

Uma semana mais tarde, recebi um telefonema de uma grande organização que estava planejando uma conferência. O orador principal havia inesperadamente cancelado a sua apresentação, e estavam me convidando para substituí-lo. Eles me ofereceram honorários bem superiores aos que costumo receber, além de substanciais benefícios. Aceitei de bom grado o convite e planejei outro programa nos arredores. Depois de tudo organizado, a minha renda naquele fim de semana foi superior a 15 mil dólares.

Quando cheguei em casa fiz as contas: 500 dólares saíram, 15 mil entraram. Não foi um mau negócio! A vida estava provendo para mim. Fazendo uma análise retrospectiva, acredito que a minha disposição de parar de pensar na minha perda imediata e manter uma perspectiva aberta e compreensiva da realidade mais ampla levaram aquela enorme bênção a bater à minha porta. Se eu tivesse ficado me lamentando a respeito do roubo ou tivesse ficado repetindo a história, fazendo-me de vítima, a minha energia não teria estado à altura daquele ganho significativo, e eu provavelmente não o teria atraído.

Quando você se vir diante de um revés, procure achar o mais rápido possível uma maneira de encará-lo que o ajude a parar de ficar remoendo-o. Não se demore na posição de vítima. É claro que você pode alimentar sentimentos de perda ou preocupação, mas faça o possível para avançar rapidamente para outra posição energética. Pense ou faça alguma coisa que o faça sentir-se melhor para que o seu ponto de atração se eleve para uma posição mais favorável. Não fique repetindo a sua história, porque isso fará com que ela se repita continuamente na sua experiência. Dedique-se à sua próxima atividade mais criativa e fortalecedora. Mantenha a cabeça acima do medo e habite a consciência da possibilidade mais elevada.

Exercite-se reestruturando cada situação a seu favor. Qualquer coisa serve. Como as pequenas figuras do videogame do Pac-Man, quando você come os fantasmas que estão tentando devorá-lo, você ganha mais poder para continuar avançando em direção à sua meta. Você é maior do que qualquer coisa que possa assediá-lo. Prove isso transformando cada acontecimento em um degrau para o autodomínio.

As perdas momentâneas são minúsculas quando comparadas com o bem maior que está acontecendo. Os acontecimentos "ruins" representam apenas um ponto de luz insignificante, quase imperceptível, na tela do radar de todas as coisas que estão funcionando bem. O mau só parece poderoso quando nos detemos nele. Afaste a sua consciência do que não está funcionando e você encontrará uma abundância do que está dando certo. Quanto mais coisas boas você encontrar, mais coisas boas virão ao seu encontro.

EDIFICADORES DA SABEDORIA DA PROSPERIDADE

1. Pense em uma experiência recente que o tenha perturbado. Como você pode reestruturar essa experiência de maneira a sentir-se melhor?

2. Você fica repetindo na mente alguma história ou infortúnio?

Instale um "alarme de vítima" na sua mente subconsciente. Quando alguma coisa difícil acontecer, dê a si mesmo, no máximo, três vezes para falar a respeito dela. Cada vez que você falar nela, avance para um novo nível de autonomia concentrando-se no que você ganhou por causa da experiência. Depois da terceira vez, esqueça o assunto.

3. Quem você conhece que tem o dom de transformar experiências negativas em bênçãos, ou de liberá-las rapidamente?

O que você pode aprender com essa pessoa?

AFIRMAÇÃO:

*Abandono os reveses momentâneos
e me mantenho concentrado na Realidade Mais Ampla do bem-estar.*

GIRE EM TORNO DO PODER

As pessoas são como saquinhos de chá.
Só conhecem a sua força quando mergulham na água quente.
— Dan McKinnon

Quando a Southwest Airlines tinha recém-ingressado no setor dos transportes aéreos em 1971, a empresa transpôs, aos trancos e barrancos, quase quatro anos de disputas legais para conseguir entrar no minúsculo mercado local, lutando contra companhias aéreas estabelecidas que se opunham à concorrência. A Southwest começou com quatro aviões, voando em um pequeno número de rotas entre três cidades do Texas. Herb Kelleher, cofundador da Southwest, comenta o seguinte: "Muitas pessoas achavam que éramos um caso perdido, que não tínhamos a menor chance."

Não demorou muito para que a empresa aérea tivesse dificuldades financeiras, e a única maneira pela qual a Southwest conseguiria sobreviver seria vendendo um dos seus aviões. Para permanecer sem dívidas, a companhia teria que gerar a mesma receita que ela gerara com quatro aviões. A Southwest tomou então a arrojada decisão de realizar o mesmo número de voos com a frota 25% menor. Foi assim que nasceu o sem precedente, e hoje famoso, *turnaround* de vinte minutos.

Desde então, a Southwest tornou-se uma força a ser levada em conta, hoje a quinta maior companhia aérea dos Estados Unidos, com uma frota de 468 aviões que fazem 3.100 voos por dia para 58 cidades. A Southwest tem registrado, com frequência, o melhor índice de pontualidade, de manuseio de bagagem e de menor número de reclamações dos clientes. Durante a recessão que se seguiu aos atentados de 11 de setembro de 2001, a Southwest foi a única companhia aérea americana a ter lucro. A empresa recebe por ano um número de candidatos dez vezes maior do que as vagas que tem disponíveis. Em última análise, a adversidade não eliminou a Southwest do mercado; ela fez a companhia voar.

Em vez de lutar contra obstáculos que parecem estar bloqueando o seu caminho, use-os como ponto de apoio e faça deles seus aliados. Como na arte marcial do aikidô, você pode usar a energia direcionada contra você e recanalizá-la para que ela o ajude. Tudo é energia, mas cabe a você decidir o que fazer com ela.

As dificuldades nos mantêm na vanguarda do crescimento e nos conduzem a níveis de autoridade bem mais gratificantes do que se o desafio não tivesse ocorrido. Todos os avanços evolucionários resultaram de adaptações inovadoras às mudanças nas condições ambientais. A vida não está tentando prejudicá-lo; ela está tentando fazer você crescer. Como escreveu Friedrich Nietzsche: "Aquilo que não me mata me torna mais forte."

Pare de encarar as situações difíceis como um transtorno, pois essa é uma interpretação e não um fato. Em árabe, a palavra equivalente a *problema* é traduzida como "outra perspectiva", insinuando que toda dificuldade nos convida a enxergar as coisas a partir de um ponto de vista mais elevado. Albert Einstein explicou que nunca podemos resolver um problema no mesmo nível de consciência que o criou. Precisamos ascender a um patamar superior. Como somos seres espirituais, a resposta é sempre espiritual. Dr. Wayne Dyer intitulou um dos livros de sua autoria de *There's a Spiritual Solution to Every Problem*.

Exercite-se eliminando a linguagem derrotista do seu vocabulário, substituindo as palavras que promovem a condição de vítima por palavras revigorantes. *Transtorno* transforma-se em *desafio*; *problema* transforma-se em *projeto*; *crise* transforma-se em *oportunidade*; *fracasso* transforma-se em *experiência*; *contratempo* transforma-se em *preparação*; e *chegar ao limite* transforma-se em *correção de rota*.

Agradeça e abençoe as pessoas e situações que lhe apresentam desafios, pois elas o estão delicadamente empurrando em direção a um bem maior. No nosso primeiro Mastery Training em Fiji, o hotel designou para o nosso grupo uma sala de reuniões no alto de um morro que requeria que o grupo inteiro fosse transportado para cima e para baixo em cada reunião, o que era uma senhora tarefa. Para piorar ainda mais as coisas, descobrimos durante a nossa primeira sessão que a sala era pequena, quente e tinha uma péssima acústica. A última coisa que queríamos era passar uma semana brigando com a distância, a altura, o tamanho, a temperatura e o som.

Na manhã seguinte, quando o nosso grupo estava se reunindo para subir o morro, o gerente do hotel nos informou, se desculpando, que um ônibus havia enguiçado na estrada de pista única, de modo que não conseguiríamos passar por ela. Como alternativa, o gerente montara uma barraca sem divisórias na praia, a poucos passos das nossas acomodações. O local de reuniões revelou-se bem superior à sala que haviam nos reservado no alto do morro, tendo uma vista magnífica para o mar e uma brisa suave. O grupo adorou o lugar, o que contribuiu muito para a qualidade do nosso programa durante toda a semana. Todos concordamos em que a avaria do ônibus foi uma bênção disfarçada, e nos maravilhamos diante do sincronismo entre o momento em que ele enguiçou e o início do nosso programa.

Albert Camus declarou: "No meio do inverno, descobri dentro de mim um invencível verão." O seu espírito é maior do que qualquer problema que você possa encontrar, e a sua mente é capaz de evocar sincronismos e soluções criativas. No livro *Ilusions,* Richard Bach observa: "Todo problema se aproxima de você com um presente nas mãos." Quando você descobre o presente – como fez a Southwest – você fica livre para voar.

EDIFICADORES DA SABEDORIA DA PROSPERIDADE

1. Você já teve um inimigo que acabou se revelando um amigo?

    Como ocorreu essa transformação?

    Qual foi o seu papel na mudança?

2. Você considera alguma pessoa ou situação um inimigo?

    Como você pode transformar a situação pensando nela de uma maneira diferente?

3. Pense em uma dificuldade que você possa estar enfrentando. De que maneira a resposta pode ser espiritual?

4. Prática: fique intensamente consciente das palavras que você usa para descrever as suas experiências. Permaneça alerta à sua tendência de usar palavras baseadas na vitimização ou na debilitação. No momento em que você perceber que está começando a empregar esse tipo de linguagem, pare e substitua-a por palavras com uma conotação neutra ou positiva.

AFIRMAÇÕES:

Abraço o desafio como um convite para um sucesso mais amplo.
As dificuldades me fortalecem e me conduzem a uma energia superior.

ALGUÉM DIRÁ SIM

Seja como o selo de uma carta. Permaneça firme até chegar ao seu destino.

— Harvey Mackay

No final de uma viagem de negócios, tive que alterar a data da minha viagem de volta ao Havaí. Como o meu bilhete original não permitia a mudança de data, decidi resgatar milhas do meu programa de milhagem para o novo voo. Telefonei para a companhia aérea para verificar se havia assentos disponíveis no voo que eu desejava, e fui informado de que eu não deveria ter problemas para utilizar as milhas.

Cheguei ao aeroporto às oito horas da manhã para pegar o voo das nove. Entretanto, o recepcionista do balcão de *check-in* disse o seguinte: "Sinto muito, mas o senhor não poderá usar as suas milhas. Hoje está havendo um bloqueio para a utilização do programa de milhagem." Perguntei ao recepcionista quanto custaria pagar pelo voo, e o preço era alto demais.

Humm. Tem que haver um jeito, pensei com os meus botões. Encaminhei-me para os telefones públicos situados a poucos metros dali e telefonei para a companhia aérea. Eu disse à funcionária do setor de reservas que queria resgatar milhas para o voo das nove horas, e ela me deu a mesma resposta que eu já ouvira do recepcionista do balcão. Agradeci, desliguei o telefone, voltei a discar o número e disse à pessoa seguinte o que eu desejava. Ela também me informou que eu não poderia voar naquele dia usando as minhas milhas. Desliguei mais uma vez, liguei de novo para a empresa e, pela terceira vez, expliquei o que eu queria para a moça que atendeu. A resposta desta última foi diferente: "Claro, senhor. Terei prazer em colocá-lo nesse voo." Bingo! Uma hora depois eu estava voando para casa, feliz da vida.

Se você perguntar a um número suficiente de pessoas, uma hora alguém acabará dizendo sim. Se uma coisa é realmente importante para você, não desista na primeira vez que ouvir um não. Nem na segunda. Nem na terceira. Você poderá ouvir não três, dez ou trinta vezes antes de ouvir o sim, mas você acabará ouvindo-o. Alguém entrará em sintonia com a sua intenção e o ajudará a torná-la realidade.

As rejeições, até mesmo quando múltiplas, não são necessariamente uma indicação de que o seu projeto não tem valor. Podem designar apenas uma divergência entre o solicitante e a pessoa que rejeita. Ou a falta de bom gosto da parte de quem está negando o pedido. Muitas pessoas deixaram de perceber algumas das nossas maiores obras de arte e literatura. Enquanto viveu, Vincent van Gogh vendeu apenas um quadro, e mesmo assim por uma ninharia. Nos últimos anos, um dos seus quadros foi vendido por 135 milhões de dólares – a maior quantia já paga por uma pintura a óleo. O filme *Sociedade dos Poetas Mortos* foi recusado por onze estúdios, *duas vezes* por cada um deles; posteriormente, o filme veio a receber sete indicações para o Oscar, entre elas a de Melhor Filme e Melhor Ator. A parábola de enorme sucesso *Fernão Capelo Gaivota* foi rejeitada por dezessete editores antes de a Macmillan finalmente adquiri-la e vender em seguida muitos milhões de exemplares. Etc., etc., etc.

A minha amiga Gudrun Cable tinha o sonho de criar um hotel temático baseado em grandes autores e os seus livros. Ela encontrou um velho hotel à venda na magnífica orla, com uma brisa permanente, em Newport, Oregon, e pediu um empréstimo para poder comprá-lo. O pedido foi negado. Ela procurou outro banco, e também ouviu uma recusa. Mas ela não parou por aí. Gudrun pediu um empréstimo em trinta bancos até que um deles finalmente decidiu concedê-lo. Um acabou dizendo sim. Ela então arrolou os seus amigos com a seguinte proposta: se cada um deles decorasse um dos quartos de acordo com a vida e a época do seu autor predileto, ela lhes daria duas semanas de férias no hotel durante cinco anos. Vários deles concordaram, e Gudrun veio a criar um dos hotéis mais exclusivos do mundo. Mais de duas mil pessoas compareceram à inauguração do Sylvia Beach Hotel. Hoje o hotel é imensamente próspero e cria uma experiência memorável para todos os seus hóspedes. Graças a Deus, Gudrun não parou depois de ouvir alguns nãos!

A resposta que você recebe do mundo exterior reflete as suas convicções interiores. Se você tiver dúvidas com relação a si mesmo, os outros terão dúvidas a seu respeito. Se você acreditar em si mesmo e no seu projeto, alguém também acreditará. O seu processo de dar vida à sua visão é um exercício de confiança em si mesmo. Se você tiver uma forte autorrejeição interior (mesmo que subconsciente), você receberá uma forte rejeição externa. Se os seus sentimentos forem confusos, você obterá resultados confusos. Quando você está absolutamente certo de que merece um sim, alguém dirá sim. Quando você tem confiança em si mesmo e reconhece que merece tudo, a única escolha possível para o universo é ser compatível com o que você sabe.

O universo é uma enorme máquina de "Sim!". Toda a vida é uma afirmação do que você pode ser. O seu papel não é tentar lutar para fazer com que as coisas aconteçam, mas sim se alinhar com o lugar onde habita o "Sim!" No momento em que você fizer isso, portas se abrirão e braços estarão abertos para recebê-lo. Você terá um lugar no seu voo de volta para casa se estiver disposto a reivindicá-lo.

EDIFICADORES DA SABEDORIA DA PROSPERIDADE

1. Descreva um projeto no qual você precisou perseverar para ter sucesso.

De que maneira o processo refletiu as suas convicções interiores e a evolução delas da dúvida para a confiança?

2. Você está sendo instigado no momento a perseverar para realizar algum projeto, sonho ou meta?

De que maneiras os obstáculos que você está encontrando podem estar refletindo quaisquer dúvidas interiores ou intenções confusas que você possa ter a respeito desse projeto?

Por que você deseja alcançar essa meta?

Por que você a merece?

AFIRMAÇÕES:

Os meus talentos e visões merecem proclamar a aprovação.
Digo sim para mim mesmo, e a vida diz sim para mim.

O TEMPO QUE LEVOU

*As coisas notáveis não são feitas por impulso,
e sim por uma série de pequenas coisas reunidas.*

— Vincent van Gogh

Uma mulher americana chamada Joan estava fazendo compras certa manhã no mercado ao ar livre de Nice, a encantadora cidade francesa de veraneio, quando avistou um homem idoso, cheio de energia, que se parecia muito com o famoso artista Pablo Picasso, com um bloco de desenho debaixo do braço. Emocionada, Joan aproximou-se do homem e perguntou: "Por favor, o senhor é Pablo Picasso?"

"Sou eu mesmo", respondeu educadamente o homem.

O entusiasmo exsudou de todos os poros de Jane. "Não tenho a intenção de perturbá-lo", disse Joan, "mas sou uma das suas maiores fãs. Será que o senhor disporia de alguns minutos para fazer um simples esboço de mim? Eu teria prazer em pagar por ele."

Picasso deu um ou dois passos atrás, estudou as feições da mulher e, em seguida, respondeu com um sorriso: "Tudo bem, posso fazê-lo." Joan quase desmaiou. Os dois se encaminharam para um café próximo, onde se sentaram em uma mesa tranquila, na calçada. Picasso abriu o bloco, pegou no bolso um pequeno pedaço de carvão, e se pôs a trabalhar. Quinze minutos depois ele virou o bloco e mostrou a Joan o trabalho terminado. Estava simplesmente espetacular. Um Picasso autêntico, dela!

Joan pegou o retrato, abraçou-o e agradeceu profusamente ao mestre. Abrindo a bolsa, ela pegou o talão de cheques e perguntou: "Quanto eu lhe devo?"

"Cinco mil dólares", respondeu Picasso, em um tom casual.

Joan ficou de queixo caído. "Cinco mil dólares? Mas, senhor, com todo respeito, levou apenas quinze minutos para fazer o desenho!"

"Não, madame", respondeu Picasso calmamente. "A senhora não entendeu. Levei *oitenta anos* e quinze minutos para desenhar o seu retrato."

Tudo o que você sabe e faz representa a soma de tudo o que você fez e aprendeu até hoje. Cada triunfo ou fracasso que você enfrentou, ou observou na vida dos outros, contribuiu para a sua sabedoria e aptidões. Você se apoia em todas as lições que o trouxeram a este ponto.

Ao oferecer os seus serviços ou negociar os seus honorários ou um contrato, atribua o devido valor à experiência que o amadureceu. Mesmo que você seja inexperiente em alguma área, é bem provável que você seja capaz de transferir para ela a perícia que você obteve em outro setor. Um bom profissional de vendas consegue vender qualquer coisa. Se você sabe vender carros, vender computadores é apenas uma questão de aprender os detalhes desse ramo de atividade. É mais fácil aprender dados e detalhes do que uma aptidão. Uma vez que você tenha esta última, você a detém pelo resto da vida.

Uma famosa história fala de uma empresa que precisava consertar uma caldeira. O gerente chamou um técnico e lhe explicou o problema. O homem avaliou a situação e, em seguida, pegou uma chave de fenda e um parafuso na caixa de ferramentas. Depois, foi até a caldeira, abriu uma portinhola, substituiu o parafuso e o ajustou. Imediatamente, a caldeira começou a funcionar.

Ao se retirar, o técnico apresentou ao gerente uma conta de cem dólares. "Cem dólares?", exclamou o gerente. "Tudo o que você fez foi trocar um parafuso!"

"De fato", respondeu o técnico. "Estou cobrando um dólar pelo parafuso e 99 dólares por saber qual o parafuso que precisava ser trocado."

Os empregadores ou clientes lhe pagam alguma coisa pelas suas ações, mas pagam mais pela sua consciência. As pessoas mais bem pagas são aquelas cujas decisões afetam o maior número de pessoas. Qualquer um pode vender pipoca em um quiosque no saguão do cinema, mas um número bem menor de pessoas é capaz de projetar uma vitrine para a pipoca que irá atrair muitas pessoas. As suas ideias valem mais do que os seus atos. Assim sendo, em vez de fazer mais, pense mais. Sinta mais. Seja mais. À medida que você sintoniza a sua conexão com o seu manancial criativo, você promoverá a sua carreira bem mais rápido do que trabalhando mais horas ou suando mais em um trabalho do qual você não gosta. Conhecimento é poder, e a experiência forma o conhecimento.

Mesmo que você não tenha experiência em uma determinada área, se souber entrar em contato com a conta bancária da sabedoria que você acumulou na sua vida (alguns diriam em muitas vidas), você terá acesso a recursos fenomenais. Quanto tempo leva para alcançar o sucesso? O tempo necessário para você entrar em contato consigo mesmo. Respeite a si mesmo e cobre pelos seus serviços um valor proporcional à riqueza da sua sabedoria, e você enobrecerá a si mesmo, o seu trabalho e os seus clientes.

EDIFICADORES DA SABEDORIA DA PROSPERIDADE

1. Quais foram os seus empregos mais importantes, e que aptidões você desenvolveu neles?

2. Quais foram os seus relacionamentos mais significativos, e o que você aprendeu com eles?

3. Quais foram as suas experiências de vida mais importantes, e o que você aprendeu com elas?

4. Você acha que está sendo bem pago pela sabedoria e pelas aptidões que desenvolveu ao longo da sua vida e experiências profissionais?

   Se achar que não, que horários ou salário você acredita que seriam compatíveis com o seu nível de aptidão e experiência?

5. Se você está mudando de carreira ou pensando em realizar uma mudança na sua profissão ou na esfera dos seus relacionamentos, descreva de que maneira todas as suas experiências o qualificam para ser bem-sucedido no seu próximo passo e para ser bem recompensado por isso.

AFIRMAÇÕES:

Encontro-me no auge da minha capacidade. Mereço ser pago e receber uma remuneração compatível com as minhas aptidões e experiência. Vivo na vanguarda da minha aptidão, do meu sucesso e do meu destino.

NOVE: SEJAM EXCEPCIONAIS UM COM O OUTRO

> Faça das pessoas o seu negócio, e as pessoas farão o seu negócio prosperar.

EXISTIR É O SEU NEGÓCIO

*O sucesso em geral se aproxima daqueles
que estão ocupados demais para sair em busca dele.*

— Henry David Thoreau

Pouco depois de a minha mãe falecer, uma mulher chamada Carol convidou-me para apresentar um seminário para a sua organização de desenvolvimento pessoal. "Quanto você cobra?", perguntou-me Carol. Naquela época, eu cobrava 500 dólares ou 50% da renda líquida, o que fosse maior. Como calculei que o grupo de Carol não seria grande o bastante para que a proposta da percentagem valesse a pena, cobrei um preço fixo de 500 dólares.

Uma semana depois, recebi pelo correio o folheto com a propaganda do programa. Para minha surpresa, Carol havia relacionado o preço do ingresso antecipado a 25 dólares e na porta a 30 dólares, o que era quase o dobro do valor habitualmente cobrado nos seminários naquela época. Fiquei preocupado, pois achei que o preço do programa estava alto demais e imaginei que poucas pessoas fossem aparecer. Cheguei a pegar o telefone para dizer a Carol para reduzir o preço do ingresso, mas uma forte voz interior me deteve. Eis o que ela disse: "O preço que ela está cobrando não é da sua conta. A sua função é aparecer no dia combinado e oferecer discernimento e inspiração. Não tente controlar o dinheiro. Deixe-a fazer o que ela bem entender." As instruções foram tão categóricas que eu me rendi a elas e não pensei mais no assunto.

Várias semanas antes do programa, telefonei para Carol para saber como estavam indo as inscrições. "Maravilhosas!", ela me informou entusiasmada. "Já vendemos cinquenta ingressos." Depois que desliguei, peguei a calculadora para fazer as contas. *Humm.* Se eu tivesse feito com ela o meu contrato normal, baseado na percentagem, a essa altura eu já estaria ganhando mais de 500 dólares. Eu me perguntei se deveria telefonar para Carol e fazer uma renegociação. Nesse momento, aquela voz incômoda mas autoritária se fez ouvir novamente. "Acordo é acordo. O preço do ingresso não é da sua conta. A sua função é aparecer na hora e brilhar. Esqueça o assunto e pare de se queixar."

Tudo bem, tudo bem, vou parar de pensar no assunto.

Uma semana antes do evento, Carol me telefonou. "A venda dos ingressos está indo muito bem", informou-me ela, felicíssima. "Vendemos até agora cem ingressos!" Que bom, pensei, enquanto uma vez mais pegava a máquina de calcular. Se eu tivesse proposto o meu contrato normal, eu estaria ganhando *bem mais* de 500 dólares. Talvez eu devesse ligar para Carol e mencionar a minha percentagem. Novamente, a voz se manifestou: "Esqueça o assunto. Você é um agente de cura, não um negociante. Faça a sua parte e tudo o mais estará sob controle."

Tudo bem, tudo bem. Vou dançar conforme a música.

Quando cheguei ao local do programa, encontrei 137 pessoas na plateia. A minha calculadora mental imediatamente entrou em ação e uma vez mais comecei a reclamar comigo mesmo por não ter feito um acordo melhor. Era injusto, pensei eu, que Carol ficasse com a maior parte e eu recebesse um pequeno percentual da renda. Uma última vez a voz me disse: "Tudo está correndo bem. Seja grato porque você tem um bom público. Vá para o palco e cumpra o seu papel."

Coloquei de lado as minhas preocupações e dei tudo de mim na apresentação do programa. Muitas pessoas se sentiram inspiradas, e uma mulher que sofria de câncer experimentou uma mudança significativa. No final da noite, eu me senti completamente em paz e muito satisfeito com o evento.

Depois que as pessoas foram embora, Carol sentou-se comigo para acertarmos a parte financeira. Ela pegou o talão de cheques e disse: "Tivemos um resultado realmente muito bom esta noite. Acho que é justo que rachemos meio a meio o lucro líquido." Em seguida, Carol entregou-me um cheque de 1.100 dólares – o maior cachê que eu já recebera por uma palestra até então! Fiquei emocionado.

No dia seguinte, recebi pelo correio a última conta do médico da minha mãe. Você pode imaginar a minha surpresa quando abri o envelope e constatei que o saldo devedor era de 1.100 dólares – exatamente a quantia que eu recebera como pagamento no programa da véspera. Grato pela generosidade, preenchi um cheque para o médico e percebi que uma mão maior do que a minha havia coordenado toda a experiência.

Existir é o seu negócio. Seja simplesmente quem você é, faça o que você faz melhor, vá para onde a alegria o chama e deixe a vida fazer a magia dela em seu benefício.

EDIFICADORES DA SABEDORIA DA PROSPERIDADE

1. Existe alguma situação na qual você esteja deixando o dinheiro desviá-lo do seu propósito maior?

De que maneira os seus sentimentos ou ações seriam diferentes se você colocasse o seu propósito na frente do dinheiro?

2. Você está tentando controlar todos os detalhes de alguma situação e está se sentindo pior por causa disso?

De que maneira os seus sentimentos ou ações seriam diferentes se você deixasse que um Poder Superior cuidasse dos detalhes?

3. O que é a sua "coisa essencial", o atributo da vida que você mais valoriza e deseja manter em primeiro lugar?

4. Quem você é e como você se sente e age quando permanece fiel à sua missão pessoal?

Relembre uma situação na qual você manteve a coisa essencial em primeiro lugar, e qual foi o resultado.

AFIRMAÇÕES:

Existir é o meu negócio.
Quanto mais eu mantenho a coisa essencial como a coisa essencial,
mais tudo funciona melhor para mim.

UMA XÍCARA DE CHÁ APROPRIADA

O sucesso não reside no tempo, no lugar ou nas circunstâncias, e sim no homem.

— Charles B. Rouss

Numa pequena cidade perto de onde eu moro, um homem chamado Jacques abriu um restaurante num local aparentemente azarado, que tinha uma longa história de restaurantes e lanchonetes que haviam fracassado. Em poucos meses, o Jacques' Bistrô estava indo de vento em popa. Era fácil ver por quê. Jacques tinha orgulho do seu cardápio, o preço das refeições era bem razoável, ele criou uma atmosfera acolhedora, contratou garçonetes refinadas e batia um papo agradável com os clientes. Não demorou muito para que a excelente reputação do local se expandisse, e Jacques' Bistrô se tornasse o lugar mais badalado da cidade para jantares e reuniões sociais.

Depois de vários anos de um crescente sucesso, o locador do lugar aumentou o aluguel de uma maneira exorbitante. Jacques não estava disposto a pagar o preço inflacionado, de modo que vendeu o negócio para outro empresário. Durante algum tempo, os clientes de Jacques continuaram a frequentar o local, na esperança de que a qualidade das refeições que Jacques havia instituído fosse levada adiante em grande estilo. No entanto, as pessoas logo descobriram que o novo dono não tinha o entusiasmo do seu predecessor. Embora a nova direção tentasse tirar partido da reputação de Jacques, a atmosfera, a comida e o serviço representavam um grande contraste com os do lendário Jacques. O estabelecimento decaiu rapidamente e, no bistrô que antes ficava lotado todas as noites, podiam ser encontrados apenas alguns clientes infelizes. Depois de alguns meses, o novo restaurante fechou as portas.

Passado algum tempo, a cidade foi atingida por um golpe de sorte: Jacques abriu outro restaurante em frente ao local do seu antigo bistrô. A notícia logo se espalhou e, em poucas semanas, o lugar estava repleto de clientes felizes. Agora, anos depois, a reputação de Jacques atrai clientes do mundo inteiro. E assim o mito de Jacques continua, para a alegria da sua fiel clientela.

Há um ditado chinês que diz o seguinte: "Quem sabe servir adequadamente uma xícara de chá é capaz de fazer qualquer coisa." Uma vez que você saiba como ter sucesso em uma área da sua escolha (ou qualquer área), você leva a sua habilidade para onde quer que vá. As circunstâncias pouco significam para quem domina a sua aptidão. Os mestres não são detidos pelas circunstâncias; eles as criam.

Quando eu era adolescente, tive aulas de saxofone e fui tocar em uma banda de rock. Depois de tocar o meu novo instrumento durante algum tempo, eu ainda não conseguia extrair dele uma nota agradável. Queixei-me com os meus pais, que conversaram com o meu professor de saxofone a respeito da ideia de me comprarem um saxofone melhor.

Certa noite, então, quando a nossa banda estava tocando em um baile, um homem da audiência nos perguntou se ele poderia se juntar à banda e tocar uma música no meu saxofone. Claro que sim, respondi, entregando-lhe o instrumento. No momento em que ele começou a tocar, mal consegui acreditar nos meus ouvidos: o homem extraiu do saxofone um som *incrivelmente belo*. Fiquei sentado ouvindo, boquiaberto e extasiado. Humildemente compreendi que não havia nada errado com o saxofone; eu simplesmente não sabia tocá-lo. O limite não se encontrava no instrumento, e sim na mente.

Se você consegue aprender a fazer bem uma coisa, você pode aprender a fazer bem todas as coisas. É por esse motivo que é tão importante conceder a totalidade da sua presença e da sua atenção ao que quer que você faça. Nada é por demais humilhante para a prática da excelência. Se você aprender a executar tarefas cotidianas irrelevantes com amor e qualidade, quando chegar a hora de realizar coisas importantes, você terá toda a habilidade e experiência que necessita.

A minha amiga Millie administrava uma escola motivacional bem-sucedida. Certa vez em que me encontrei com ela, Millie me disse que estava indo dar a primeira aula de um novo semestre.

"Boa sorte!", eu lhe disse.

"Obrigada", respondeu ela, "mas não preciso de sorte. Estou programada para o sucesso."

À semelhança de Millie, Jacques e o saxofonista da audiência, você e eu podemos nos programar para o sucesso. As pessoas engenhosas fazem o que querem com os recursos que estão à sua disposição. Tudo o que tocam se torna um sucesso porque elas aplicam as suas habilidades interiores às circunstâncias externas. Os grandes pensadores frequentemente demonstram um grande talento em uma série de disciplinas. Leonardo da Vinci foi um artista, cientista e matemático exemplar. Nos nossos dias, temos Steve Jobs, que desenvolveu o computador Macintosh, fundou o Pixar Animation Studios e criou o iPod. Quando você sabe fazer bem uma coisa, isso aumenta a sua capacidade de fazer bem todas as coisas.

A tarefa que você tem agora diante de si é a oportunidade de praticar a excelência. Nenhuma função é excessivamente obscura ou opressiva para que você aplique a ela o seu talento inato. Você não pode ser limitado ou detido pelo seu locador, pela economia, pela sua história, pela astrologia ou por qualquer outra circunstância. Caso necessário, como fez Jacques, você simplesmente dará seguimento às suas atividades do outro lado da rua, onde todos os que o entendem e apreciam o encontrarão e lhe darão apoio.

EDIFICADORES DA SABEDORIA DA PROSPERIDADE

1. Em que atividades você regularmente alcança êxito?

   O que você faz ou introduz nessas atividades que as torna bem-sucedidas?

2. Cite uma pessoa que tenha sucesso em tudo o que toca ou que possua uma aptidão particular que é bem-sucedida onde quer que a aplique.

   O que você pode aprender com essa pessoa?

3. De que maneira você pode pegar a tarefa que tem diante de si, mesmo que não seja a sua meta suprema, e maximizar a sua presença com ela e os resultados que você cria?

AFIRMAÇÕES:

Tenho o poder de ter êxito em todas as circunstâncias.
As minhas metas se tornam realidade porque
insiro nelas a minha plena presença.

UMA BOA LIMONADA

Não tente se tornar um homem de sucesso.
Antes, torne-se um homem de valor.

— Albert Einstein

Quando eu dava algumas aulas de yoga por semana numa escola noturna, decidi ampliar as minhas atividades e fazer da yoga a minha profissão de horário integral. Assim sendo, lancei uma grande campanha publicitária. Vasculhei as Páginas Amarelas em busca de todas as academias, centros comunitários e escolas para adultos da minha área. Visitei muitas pessoas e locais que eu não conhecia, mandei imprimir folhetos de propaganda e enviei cartas para verificar o interesse das pessoas.

Depois de uma grande atividade consegui duas novas turmas: uma em um centro comunitário e a outra em um pequeno hotel-spa. O retorno que obtive com a minha investida me pareceu pequeno com relação à energia que eu havia despendido, mas imaginei que era um começo. Esperei avidamente os novos locais que iriam me chamar.

Alguns dias antes da primeira aula no centro comunitário, recebi um telefonema do administrador informando-me que teriam que cancelar o curso devido ao pequeno número de alunos matriculados. Fiquei desapontado. Respirei fundo e me consolei com a ideia de que pelo menos eu tinha garantida a aula do spa.

Quando a aula começou, percebi que o gerente não tinha a menor ideia do que era yoga e sentia muito pouco respeito por ela. Ele havia reservado para nós um espaço minúsculo no meio da área na qual os fisiculturistas estavam se exercitando no equipamento Nautilus. Os meus alunos tinham que se posicionar no chão ao redor das máquinas e se esquivar das pessoas que passavam por eles quando se encaminhavam para os aparelhos. Durante o período final de relaxamento, um momento dedicado à quietude e à serenidade, os halterofilistas ficavam fazendo comentários irônicos. As aulas estavam muito longe de ser o que eu havia imaginado. Terminei o curso e não estava com nenhuma vontade de voltar. Eu estava me perguntando onde eu teria errado.

Mais ou menos naquela época, o meu amigo Frank Asch me presenteou com um exemplar do livro infantil de sua autoria *Good Lemonade*. A história é sobre um menino chamado Hank que monta um barraca de limonada em frente à sua casa. Nos primeiros dias em que começa a vender, Hank atrai poucos clientes, e nenhum deles volta. Assim sendo, ele tenta os mais diferentes tipos de artifícios e chamarizes para atrair clientes: oferece descontos, pinta os copos e contrata duas meninas de minissaia que dançam com uma fantasia de limão. Mesmo depois de uma semana de artimanhas, Hank só consegue vender muito pouca limonada.

Hank descobre então que outro menino montou uma barraca de limonada mais adiante no mesmo quarteirão, e que uma longa fila de clientes se forma todos os dias diante da barraca dele. Hank decide enfrentar a longa fila para descobrir por que o outro menino está vendendo tanto. Quando ele finalmente prova a limonada, os seus olhos se iluminam. A limonada é realmente *muito boa!* Hank vai correndo para casa e mistura limões frescos na sua limonada e acrescenta um pouco mais de açúcar. No dia seguinte, ele encontra uma longa fila de crianças na sua barraca, esperando para beber um copo de uma boa limonada.

Aí estava a minha lição: *O sucesso consiste mais na excelência do que na manipulação.* Resolvi que em vez de despender uma enorme quantidade de tempo, energia e dinheiro tentando me promover, eu transformaria as poucas aulas que eu já estava dando nas melhores que eu era capaz de oferecer. Essa decisão fez com que eu me sentisse bem melhor, e a minha alegria voltou.

O resultado foi milagroso. Poucos meses depois as aulas estavam repletas de alunos, graças à propaganda que eles mesmos faziam. Logo comecei a receber convites para dar aulas em outros distritos escolares. Um deles me pediu que substituísse um professor de yoga que cancelara inesperadamente um dia de treinamento para os funcionários durante o expediente. Posteriormente, o distrito me contratou como professor efetivo de yoga para os professores, o que prosseguiu durante muitos anos. As minhas peripécias de autopromoção não compensaram, mas a minha boa limonada sim.

Ouvi falar em uma loja de móveis situada em uma pequena cidade, um negócio de família, que prosperava havia várias gerações. Certo dia, o filho do dono viu uma mulher dirigir-se ao seu pai e exigir que ele consertasse uma cadeira que ela afirmava ter comprado na loja algum tempo antes. Enquanto o filho observava o pai examinar a cadeira, ele avistou um símbolo que indicava que a cadeira fora comprada em outra loja. No entanto, o seu pai não disse nada e disse que consertaria a cadeira. Quando o filho perguntou ao pai por que ele fizera aquilo, este último respondeu: "Ela comprará aqui a sua próxima peça de mobiliário."

Não construímos o sucesso baseando-nos em chamarizes e sim na qualidade, na atenção aos detalhes e na integridade. Ele consiste no atendimento ao cliente, na pós-venda e na alegria durante o processo. Embora a promoção seja importante, os clientes satisfeitos são a melhor propaganda.

Quando você faz da excelência e do serviço a sua principal prioridade, os seus clientes reconhecerão a profundidade do seu investimento. A integridade é o ímã que atrai bem mais o sucesso do que uma grande e ostentosa promoção. Embora seja importante informar às pessoas o que você faz, é mais importante dizer a elas o quanto você pode oferecer depois que elas aparecerem.

EDIFICADORES DA SABEDORIA DA PROSPERIDADE

1. Você está investindo mais energia na promoção do seu negócio do que em manter ou melhorar a qualidade do seu produto ou serviço?

Como você poderia deslocar mais energia das vendas para o serviço?

2. Cite três empresas das quais você é um cliente regular.

   1.
   2.
   3.

O que essas empresas têm que o leva a voltar a procurá-las?

3. De que maneira empresas sofisticadas como a Porsche, Gucci e Rolex conseguem cobrar tanto pelos seus produtos e ainda assim ter clientes afluindo em massa para comprá-los?

AFIRMAÇÕES:

*Impregno o meu trabalho com o meu coração,
a minha alma, a minha energia e a minha essência.
Mantenho a excelência e o serviço em primeiro lugar,
e a minha integridade atrai o sucesso.*

A FAXINEIRA

Despertar todas as manhãs com um sorriso iluminando o meu rosto; saudar o dia com respeito pelas oportunidades que ele encerra; ter sempre diante de mim, mesmo ao fazer pequenas coisas, o Propósito Supremo que estou tentando alcançar; encontrar homens e mulheres com um sorriso nos lábios e amor no coração; ser gentil, delicado e atencioso o tempo todo; aproximar-me da noite com a fadiga que corteja o sono e com a alegria oriunda do trabalho bem executado – é assim que desejo esbanjar sabiamente os meus dias.
— Thomas D. Carlyle

Embora você possa estar se esforçando bastante para fazer bem o seu trabalho, este encerra outro aspecto que é igualmente (e talvez até mais) importante. Este relato comovente (de fonte desconhecida) capta a essência de uma vida profissional correta:

No meu segundo mês na escola de enfermagem, o nosso professor aplicou à turma um teste surpresa. Eu era uma aluna conscienciosa e respondera rapidamente às perguntas, até que li a última:

"Qual é o primeiro nome da faxineira da escola?"

Sem dúvida, tratava-se de alguma brincadeira. Eu vira a faxineira várias vezes. Ela era alta, tinha o cabelo castanho e estava na casa dos 50 anos. Mas como eu iria saber o nome dela?

Entreguei o teste, deixando a última pergunta em branco. Antes que a aula terminasse, um aluno indagou se a última pergunta contaria para nota. "Sem dúvida", respondeu o professor. "Durante o exercício da profissão, vocês conhecerão muitas pessoas. Todas são importantes. Elas merecem a sua atenção e o seu interesse, mesmo que tudo o que vocês façam seja sorrir e dizer olá."

Nunca me esqueci dessa lição. Também descobri que o nome da faxineira era Dorothy.

O segredo da construção do seu negócio é formar os seus relacionamentos. Você pode ser capaz de gerar ganhos imediatos por meio da manipulação, mas a não ser que forme relacionamentos saudáveis e respeitáveis com os seus clientes e colegas, os seus ganhos terão vida curta. As pessoas mais bem-sucedidas não se põem em campo simplesmente para ganhar dinheiro. O objetivo mais profundo delas é fazer amigos.

Quando você constrói o seu sucesso nos relacionamentos, ele permeia todas as pessoas na sua organização. Certa vez, quando fui devolver um carro que eu tinha alugado, estava com pressa de chegar ao aeroporto. No entanto, o recepcionista que recebeu o carro captou a minha atenção. Um rapaz hispânico com um largo sorriso. Manuel me perguntou: "O senhor gostou do carro?" "Gostei", respondi. "Correu tudo bem." "Que ótimo", retrucou Manuel. "Quando o senhor voltar, teremos novamente um bom carro para o senhor." Fiquei embasbacado. Ali estava um rapaz que aparentemente se encontrava no mais baixo escalão hierárquico da empresa, mas que assumia a responsabilidade pela satisfação do cliente como se fosse o CEO. A partir daquele dia, passei a alugar carros sempre com aquela companhia.

Ouvi falar no CEO de um hotel que um dia por mês fazia o trabalho de diferentes funcionários. Em um determinado mês, ele fazia o *check-in* dos hóspedes na recepção; no mês seguinte, servia comida no restaurante; no terceiro mês, trocava a roupa de cama junto com as camareiras, e assim por diante. Ele queria conhecer em primeira mão o mundo que estava administrando através dos olhos daqueles que trabalham naqueles setores muitas horas por dia. No decorrer desse processo, ele fez amigos e desenvolveu a compaixão, o que o tornou um líder eficaz e bem-sucedido.

Recebi uma carta radiante de uma mulher que tinha sido beneficiada por um dos meus livros. Apreciei o fato de ela ter se dado ao trabalho de escrever para mim, de modo que enviei para ela uma nota de agradecimento. Vários anos depois, ela participou do meu Mastery Training e relatou que ficara impressionada pelo fato de eu ter respondido pessoalmente à carta dela. O investimento para aquele programa era de aproximadamente 1.000 dólares. A partir de uma perspectiva comercial, poder-se-ia dizer que a resposta pessoal que enviei para a mulher resultou em um rendimento de 1.000 dólares. É claro que não respondi à carta por esse motivo; no entanto, como eu mantinha o interesse e a preocupação com as pessoas no topo da minha prioridade, o universo cuidava das minhas necessidades materiais.

Vivemos em uma época na qual muitas pessoas, empresas e corporações têm estado tão entretidos com o sucesso material que o elemento humano é tristemente colocado em banho-maria. Nos casos extremos, algumas companhias são praticamente destituídas de qualquer sentimento e consumidas pelo resultado final. Entretanto, que resultado é mais final do que dar e receber amabilidade? Voltaire perguntou: "Afinal, não estamos aqui para tornar a vida mais fácil uns para os outros?" O milagre é que quando tornamos a vida mais fácil uns para os outros, nós a tornamos mais fácil para nós mesmos.

Faça das pessoas o seu negócio, e as pessoas farão o seu negócio prosperar.

EDIFICADORES DA SABEDORIA DA PROSPERIDADE

1. Você se lembra de algum funcionário em uma posição hierárquica baixa em uma empresa que tenha afetado o seu dia de trabalho ou a sua vida?

De que maneira essa pessoa representa a atitude e a energia que se espalha para baixo oriunda dos altos escalões da corporação?

2. Que grupo de pessoas você acha que estão mais perto da paz: os CEOs das grandes corporações ou os motoristas de ônibus?

3. Você se dá ao trabalho de conversar com o porteiro do seu prédio, o funcionário do correio, o funcionário do guichê do pedágio ou a equipe de construção da estrada?

Quem na sua esfera de trabalho ou nas suas atividades do dia a dia você poderia valorizar mais ou conhecer melhor?

Como você poderia ser mais grato a essas pessoas ou respeitá-las mais?

AFIRMAÇÕES:

Respeito o espírito daqueles com quem trabalho.
Construo o meu negócio formando relacionamentos.

COMO ABENÇOAR A RECEITA FEDERAL

Se você não está aplaudindo, está enlouquecendo.

— Jorge Tortuga

Sempre que Alice preenchia um cheque, na linha de observações ela redigia uma pequena nota desejando alguma coisa boa para o favorecido. Certo dia de abril, quando estava pagando as contas, Alice chegou ao momento de preencher o cheque para a Receita Federal referente ao seu pagamento do imposto de renda. Ela fez uma pausa e perguntou aos seus botões: "Eu realmente quero abençoar a Receita Federal? Será que alguém de lá iria apreciar a minha intenção?"

Depois de refletir um pouco, Alice chegou à conclusão que não existem exceções para a lei da circulação do bem-estar. "Talvez", raciocinou ela, "a Receita Federal possa usar a bênção tanto quanto as outras pessoas e empresas a quem estou fazendo pagamentos; quem sabe até mais. Assim sendo, Alice pegou a caneta e escreveu na linha de observações: *Que a paz e a alegria estejam com você.*

No mês seguinte, quando Alice estava verificando a sua conta corrente, constatou que o cheque que enviara para a Receita Federal havia sido cancelado e devolvido. No verso do cheque, debaixo do carimbo da instituição, ela ficou muito surpresa ao ler as seguintes palavras, escritas à mão: *E com você também.*

De algum modo, a bênção de Alice chegou às mãos de uma pessoa que a apreciou. Pense no presente que isso foi para a pessoa que o recebeu. A Receita Federal provavelmente não é o melhor lugar do mundo para se trabalhar. Dificilmente uma pessoa gosta de pagar impostos, e desconfio que os funcionários da Receita Federal não recebam muitas bênçãos dos contribuintes. Você consegue imaginar como a surpresa foi agradável para a pessoa que lidou com o cheque? Talvez isso tenha mudado o dia inteiro dela. Talvez a pessoa tenha sido mais gentil, atenciosa ou até perdoado mais a pessoa seguinte com quem interagiu. Estou certo de que a bênção de Alice foi bem longe.

As situações com que nos deparamos são moldes nos quais esculpimos as nossas intenções. Qualquer atividade na vida pode ser elevada ao nível da bênção. A cada momento fazemos a escolha entre o amor e o medo. Agir em função do medo transforma o mundo num inferno. Quando você escolhe o amor, você leva o mundo para mais perto do céu. A escolha é sua.

Pagar impostos ou efetuar qualquer outro pagamento obrigatório é uma boa oportunidade para você se dedicar à prática de manter a sua energia elevada e não desperdiçar o seu poder. Quando você fica irritado por causa de dinheiro, isso interrompe o fluxo dele que avança na sua direção e que também passa através de você. Se você relaxar e permanecer leve, abrirá a porta para que uma quantidade maior possa entrar. Oferecer bênçãos é uma maneira poderosa de provar este princípio. Há um ditado que diz: "Não podemos ser mais generosos do que Deus." Quanto mais você dá, mais Deus lhe dá para que você possa dar ainda mais.

O dinheiro assume qualquer propósito que você lhe atribua. Se alguém quiser brigar com você a respeito de dinheiro, você tem a escolha de entrar ou não na briga. As pessoas que querem discutir sempre arranjam um motivo, e o dinheiro é uma coisa pela qual muita gente acha que vale a pena brigar. Ao mesmo tempo, as pessoas que desejam criar harmonia sempre podem encontrar uma maneira de fazer isso, e as transações monetárias são oportunidades maravilhosas para celebrar a abundância.

Conheço uma mulher que mandou imprimir o seguinte pensamento nos seus cheques:

Cada dólar que eu gasto enriquece a economia,
abençoa todos que toca,
e volta para mim multiplicado.

É uma poderosa afirmação! Que contraste acentuado com o medo e a resistência.

Eu costumava ficar arrepiado quando recebia a fatura do meu cartão de crédito. Examinava item por item e desejava não ter comprado o artigo ou ficava irritado com o vendedor por causa do preço alto. Um dia então decidi usar a fatura do meu cartão de crédito como um exercício de reconhecimento. Enquanto examinava cada item, agradeci ao vendedor por ter me fornecido um artigo ou serviço que eu queria ou precisava. Compreendi bem rápido que todas essas pessoas e empresas haviam me ajudado imensamente. Em seguida, preenchi um cheque com alegria e reconhecimento. Em breve, mais dinheiro começou a afluir para mim. Quando investi mais dinheiro com gratidão, o universo enviou uma quantidade maior na minha direção.

Esses princípios realmente funcionam. Um sábio recomendou certa vez: "Seja amável com todas as pessoas, pois todas elas estão travando uma batalha interior." Nenhum ato de gentileza é pequeno demais ou passa despercebido. Adquira a prática de usar o dinheiro como um veículo de bênção, e você será o beneficiário de cada bênção que você der.

EDIFICADORES DA SABEDORIA DA PROSPERIDADE

1. Você faz pagamentos com facilidade e alegria, ou tem uma sensação de perda, medo ou ressentimento?

2. Você se ressente de pagar dinheiro para alguém?

De que maneira o seu ressentimento afeta o seu relacionamento com essa pessoa?

De que maneira o seu ressentimento afeta a sua sensação de abundância e a sua capacidade de receber os benefícios que você deseja?

3. Como você poderia recompor esse(s) pagamento(s) de maneira a se sentir melhor?

Como você acha que uma mudança de atitude em direção à bênção poderia afetar a sua prosperidade?

4. Exercite-se escrevendo uma pequena nota de agradecimento ou de bênção nos cheques que você preenche. Qual a frase que lhe conferiria mais poder?

AFIRMAÇÕES:

Uso todas as situações para praticar a bênção.
Não existem exceções para o poder e a presença do amor.

A ATITUDE DE GRATIDÃO

Quase o mundo inteiro está adormecido. Todo mundo que conhecemos, todo mundo que vemos, todo mundo com quem falamos. Somente algumas pessoas estão despertas, e essas vivem em um completo e permanente assombro e admiração.

— do filme *Joe Contra o Vulcão*

O segredo da ilimitada prosperidade não é nenhum segredo, mas como tão poucas pessoas o conhecem e praticam, a verdadeira riqueza está além do alcance das massas. A maneira mais fácil, mais direta e mais gratificante de aumentar a sua prosperidade é ser grato.

Em *The Gospel According to Jesus,* Stephen Mitchell faz a adaptação de uma maravilhosa parábola zen de *A Flower Does Not Talk* de Zenkei Shibayama:

Era uma vez uma mulher chamada Sono, cuja devoção e pureza de coração eram respeitadas em toda parte. Certo dia, um companheiro budista, depois de fazer uma longa viagem para vê-la, perguntou: "O que posso fazer para tranquilizar o meu coração?"

Sono respondeu: "Todas as manhãs e todas as noites, e sempre que qualquer coisa lhe acontecer, continue dizendo: 'Obrigado por tudo. Não tenho nada do que me queixar.'"

O homem seguiu as instruções que recebeu durante um ano inteiro, mas o seu coração ainda não estava em paz. Ele voltou a procurar Sono, desalentado. "Repeti a sua prece vezes sem conta, e no entanto nada na minha vida mudou; continuo a ser a mesma pessoa egoísta de antes. O que devo fazer agora?"

Sono replicou de imediato: "Obrigado por tudo. Não tenho nada do que me queixar."

Ao ouvir essas palavras, o homem foi capaz de abrir o seu olho espiritual, e voltou para casa com uma grande alegria.

A gratidão, como o coração, é um músculo; quanto mais você a utiliza, mais poderosa ela se torna. Quanto mais coisas você encontra para apreciar, mais coisas ainda você encontrará para apreciar.

Aprendi o poder da gratidão com a minha afilhada de 10 anos, Shanera. Certa tarde, enquanto eu levava Shanera de carro para a nova residência da sua família, saímos da rodovia e pegamos uma estrada de terra que levava à casa dela. Senti um peso no coração quando percebi que ela e os pais estavam vivendo em um velho ônibus escolar estacionado em um campo aberto.

Enquanto Shanera me mostrava o local, fiquei triste por essa menina que eu tanto amava estar crescendo num lugar tão ruim. Quando os meus olhos pousaram nas junções enferrujadas das paredes de metal, janelas rachadas e um teto que vazava, compreendi que a família tinha caído em uma mera vida de subsistência. Tive vontade de resgatá-la dessa sombria situação.

Olhando para mim com os seus grandes olhos castanhos, Shanera pegou-me pela mão e conduziu-me por uma escada improvisada a um pequeno anexo de madeira que fora sobreposto ao teto do ônibus. Esse era o quarto dela. Estava na mesma condição que o restante do lugar, ou seja, escassamente habitável. A única peça de decoração interessante na qual reparei foi uma tapeçaria de tons variados pendurada em uma das paredes.

"Como você se sente morando aqui?", perguntei a Shanera, esperando uma resposta sombria.

Em vez disso, para minha surpresa, o seu rosto se iluminou. "Adoro a minha parede!", respondeu, dando risadinhas.

Fiquei estupefato. A criança não estava brincando. Ela gostava do lugar por causa da parede colorida. Shanera encontrou um toque do céu no meio do inferno, e foi nele que ela decidiu se concentrar. Ela era feliz.

Voltei para casa em um estado de admiração e assombro. Essa menina de 10 anos de idade enxergava a sua vida através dos olhos do reconhecimento, o que fazia toda a diferença do mundo. Comecei a pensar em todas as coisas na minha vida das quais eu tinha me queixado. Ao me preocupar com o que não estava presente, eu estava perdendo o que *estava* presente.

Dê valor ao que você tem antes de pedir mais. Se não estiver feliz com o que tem, não ficará feliz com o que receber. Não estou dizendo que você deve fingir que está feliz quando não está, ou suportar o abuso ou caminhar penosamente pela vida com a atitude de autossacrifício de um mártir. Estou dizendo que os que encontram coisas boas onde estão são aqueles que têm maior probabilidade de encontrar coisas ainda melhores onde vierem a estar em seguida. Quando você se concentra no que faz o seu coração feliz, este fica ainda mais feliz.

A gratidão é uma prece que vai bem além de pedir alguma coisa, pois ao agradecer você afirma a sua prosperidade. Ela é a meditação mais poderosa de toda uma vida. Aqueles que praticam a gratidão são as pessoas mais felizes do mundo e, como elas mesmas descobrem, as mais ricas.

Você não é um pedinte na mesa da vida.
Você é o convidado de honra.

— Emmanuel

EDIFICADORES DA SABEDORIA DA PROSPERIDADE

1. Faça uma lista de todas as razões que o levam a afirmar *Eu sou a pessoa mais afortunada do mundo.*

2. Escreva o nome das sete pessoas que fazem parte da sua vida que você mais aprecia, e descreva o que você valoriza nelas. Em seguida telefone, envie um e-mail ou escreva uma carta dizendo isso a elas.

3. Descreva por escrito algumas situações na sua vida que você considera desafiantes, e depois descubra alguma coisa que você possa apreciar a respeito de cada uma.

AFIRMAÇÃO:

Eu lhe agradeço por tudo. Não tenho nada do que me queixar.

CHAVES DA SABEDORIA DA PROSPERIDADE

CHAVES DA SABEDORIA DA PROSPERIDADE	LEMBRETE
1. A abundância é natural.	*Sempre o suficiente.*
2. A vida lhe dará tanto quanto você estiver aberto para receber.	*Você recebe o que você aceita.*
3. Faça o que o deixa animado.	*A paixão compensa.*
4. Deixe que as coisas sejam fáceis. O esforço não é necessário.	*Não se preocupe com as coisas insignificantes e não paparique as coisas difíceis.*
5. Crie, duplique, celebre.	*As suas finanças dependem de você.*
6. Disseminar prosperidade atrai prosperidade.	*Distribua, distribua, distribua.*
7. A pessoa de visão prospera na presença de toda e qualquer circunstância.	*Não se deixe enganar pelas aparências.*
8. Reestruture-se até se fortalecer.	*Tire proveito da adversidade.*
9. Faça das pessoas o seu negócio, e as pessoas farão o seu negócio prosperar.	*Sejam excepcionais um com o outro.*

Michael Ebeling e Kristina Holmes, da Ebeling and Associates, que acreditam em mim e neste trabalho, e cujo empenho em levar este livro para você por meio da editora perfeita foi esplêndido e fora de série.

Joel Fotinos, Mitch Horowitz e todas as pessoas admiráveis da Tarcher/Penguin, que são compatíveis com os princípios e a energia de *Prosperidade sem Correria* e reconhecem a contribuição potencial para os nossos leitores. É uma bênção trabalhar com uma editora e editores que entendem e vivem essas ideias!

Você, leitor, cuja abertura de avidez para viver uma vida de qualidade expressa e aplica o conteúdo do livro.

Todas as preciosas pessoas cujo caminho tem estado entrelaçado ao meu, e que, com uma palavra, olhar ou ato de coragem me inspiraram a reconhecer e recordar que a vida é uma dádiva e que podemos ter tudo se assim o escolhermos.

AGRADECIMENTOS

Um brilhante professor me disse certa vez: "O lugar mais próximo do céu a que chegamos na Terra é a gratidão." Expressá-la incentiva outras pessoas a fazer o mesmo.

Alguns amigos maravilhosos e perspicazes me ajudaram imensamente na minha jornada pessoal para compreender os princípios de *Prosperidade sem Correria*. A sua poderosa consciência está entrelaçada na essência deste livro. A sua energia e dedicação contribuíram para aprimorar a vida dos nossos leitores, e desejo agradecer e reconhecer aqui o que eles fizeram.

Sou profundamente grato a:

Minha incrível e amada companheira, Dee Winn, que percorreu comigo muitas lições de vida no reconhecimento da prosperidade, óbvia e oculta, apoiando-me e fazendo-me lembrar como as coisas podem ser boas. O espírito sábio e radiante de Dee me ajuda a recordar diariamente como sou abençoado por caminhar ao lado de uma pessoa tão talentosa em tantos aspectos.

Kathy McDuff e Rich Lucas, pela sua permanente amizade e atenção respeitosa e eficiente para com aqueles que se interessam pelos nossos livros e seminários. Sinto-me ainda mais inspirado pela sincera dedicação de Kathy e Rich ao nosso legado natural e ao povo nativo que o personifica.